To. 이 책을 읽을 당신에게

가볍고 불필요한 것들에 연연하느라
가장 중요한 '나'를 잊고 살았던 건 아니었는지 생각해 볼 때입니다.

그릇된 일에 고개를 끄덕이지 않을 담대함이
무례한 이에게 선을 긋고 멀어지는 단호함이
자신을 아끼는 일에 게으르지 않은 다정함이 가득하기를 바랍니다.

From. 작가 김유은 올림

《 일러두기 》

개인정보 보호를 위해 등장하는 인물은 신분이 드러나지 않도록 하였으며,
더 큰 공감을 끌어내기 위해 화자와 사연을 각색하였습니다.

저자 고유의 글맛을 살리기 위해 표기와 어법은 저자의 방식을 따랐습니다.

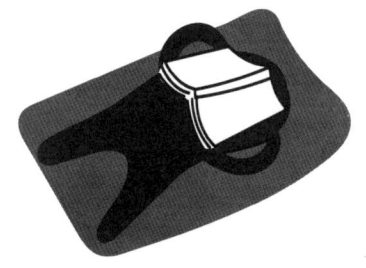

지금의 나는
더 나아지고
있는 걸까

김유은 산문집

작가의 말 〈 지금의 나는 더 나아지고 있는 걸까 〉

문득 떠올랐던 질문이었다.
'지금의 나는 더 나아지고 있을 걸까'
몇 년 전의 나, 몇 주 전의 나, 어제의 나, 그리고 오늘의 나를 생각해봤다. 쉽게 대답할 수 없었다.

주변 사람들에게 같은 질문을 했다.
'지금의 우리는 더 나아지고 있는 걸까'
사람들이 고개를 갸웃거리더니, 아마 아닌 것 같다며 멋쩍은 웃음을 건넸다. 내가 나아진 건지는 잘 모르겠어도, 그들이 나아진 건 알 것 같은데, 왜 저런 답을 하는지 의아했다. 아마 그건 날마다 나아지고 있는 자신의 모습을 정작 본인은 볼 수 없어서였다.

저 한 문장의 질문으로 인해 이 책이 태어났다. 이 책을 읽고 있을 당신이 더 나아지고 있다는 걸 꼭 말하고 싶었다. 자신만의 속도로 걷다가 달리고 쉬었다가 다시 걸어가는 모든 순간, 단 한 번도 최선을 다하지 않은 적이 없는 당신이었다. 그저 그런 일로, 모두가 다 하는 일로 치부해 버리기에는 대단한 일이다.

기쁜 날도, 속상한 날도, 슬픈 날도 버텨낸 기특하고 자랑스러운 당신을 꼭 발견하길 바란다. 이것은 나의 이야기이고, 당신의 이야기이고, 누군가의 이야기이다.

이 책의 끝에 도착해서는 당신도 알았으면 좋겠다.
어떤 상황에서도 성장하고 있는 당신이라는 걸.

김유은 올림

차 례

작가의 말 〈지금의 나는 더 나아지고 있는 걸까〉 | 4

『 1부 』 '나', '자신'에 관하여

누가 뭐라고 해도, 가끔 무기력해져도,
잘 살고 싶은 마음.

'이해하지 않을 용기' 013 | 나를 아끼는 연습이 필요해 018 | 삶의 박자 023 | 떨쳐내 버릴 기억, 다정한 기억. 027 | 다치지 않아도 될 마음 032 | 걸음의 끝에는 037 | 이왕이면 040 | 좋은 사람들만 있으면 좋으련만 044 | 평범해서 더없이 소중한 일상 048 | 안온한 날 052 | 작은 보폭으로라도 055 | 함께 빛나는 존재 060 | 배터리 충전 066 | 멀어지는 게 약 070 | 어른의 말 075 | 뿌리 깊은 삶 081 | '우리 정서' 085 | 더 잘 살아내고 싶은 마음 092

'인간관계'에 관하여 **「2부」**

영원한 사람도, 영원한 사이도 없다는 걸, 이제야 조금은 알 것 같아.

지금 이 순간 행복하기 위해서 097 | 약간의 거리 102 | 행복해짐에 게으르지 않기를 103 | '나'를 위해 106 | 좋은 사람 112 | 빈자리 117 | 불필요한 친절함 118 | 나를 지켜줄 사람은 나밖에 없음을 124 | 지금의 친구 127 | 이해하지 말아야 할 것은 이해하지 말자 131 | 부정을 말하는 연습 137 | 모든 사람의 말을 다 믿을 필요는 없어 142 | 헤어짐을 무기로 사용하는 사람 146 | 내 삶을 나의 것으로 가득 채워야지 149 | 사람이 좋지만, 사람이 싫었다. 153 | 감정의 무게를 덜어내면 158 | 그렇게 사라져버린 인연일 뿐 160 | 인연의 힘 163

『3부』 '위로' 그리고 '응원'에 관하여

어른이 되어가는 과정에서
막상 내려놓으면 편안해지는 것들.

특별한 이유가 없어도 잘 됐으면 좋겠다. 169 | 우리, 꽤 잘 살아가고 있다고. 170 | 별일이 생겼다 해도, 별일 아닌 것처럼. 174 | '괜찮음'으로 가득 채워질 때까지 178 | 꿈 180 | 살아감에 있어서 아무것도 확답하지 않는다. 184 | 선물 같은 사람 189 | 살아감의 선택 194 | 빨리 갈 필요는 없어 197 | 충분한 행복 202 | 당신이 기댈 수 있는 글 203 | 따스한 사랑을 가르쳐 줬으니 207 | 가벼운 소나기 211 | 글 213 | 사랑의 새싹이, 사랑의 꽃이 되었을 때. 217 | '조용한 바라봄' 221 | 잠시 기다려도 좋아 224 | 그때, 걱정했던 것보다 잘 살아온 것 같다고. 225

'살아냄'에 관하여 『4부』

지금의 나를 위해
조금 힘들고 많이 행복하기.

나만 힘든 것 같은 '청춘'에 관하여 231 | 봄은 자연스레 찾아온다. 235 | 마음에 힘을 풀면 239 | 비슷한 삶의 모양 242 | 아물지 못하는 상처 246 | 대단히 좋은 어른은 아닐지라도 248 | 부끄럽지 않은 어른 253 | 오늘을 채워내고, 내일을 기대하기. 259 | '그때 그런 일이 있었지' 263 | 불완전과 완전의 사이 266 | 나를 인정하고 좋아하기 270 | 잘 살아내는 것 274 | 아름다운 마무리 278 | 삶의 이정표 282 | 조금 힘들고 많이 행복하기 286 | 내일을 더 잘 살아내고 싶다는 마음으로 290 | 전성기 295 | 가볍지 않은 하루 298 | "나는 나아지고 있어." 300

"남이 만들어낸 기준에 나를 구겨 넣을 필요는 없었다."
모든 사람에게 좋은 사람이 되겠다고 당신 그대로를 잃지 않기를.

김 유 은 『모든 사람에게 좋은 사람일 필요는 없어』 中에서

「 1부 」

'나', '자신'에 관하여

누가 뭐라고 해도,
가끔 무기력해져도,
잘 살고 싶은 마음.

「1부」

'나', '자신'에 관하여

누가 뭐라고 해도,
가끔 무기력해져도,
잘 살고 싶은 마음.

'이해하지 않을 용기'

♡

 삶을 힘들게 하는 게 나 자신이 될 때가 있었다. 무조건 참아야 한다고 강요하는 것도 나였고, 모른 척 넘어가라고 부추긴 것도 나였다. 살아감에 휘청거리는 나를 보듬어 안아주지 못한 채, 더 휘청거리도록 방관하고 있었다. 그때는 나보다 중요한 것들이 너무 많았다. 차라리 내가 한번 힘들고 나면 아쉬운 소리 들을 필요도 없고, 불편한 분위기를 겪지 않을 거라는 안일한 생각이 조금씩 나를 병들게 했다.

 상처를 만든 사람은 타인이라 하더라도, 그 상처를 방치해서 더 아프게 만드는 사람은 결국 나였다. 그대로 두게 되면 머지않아 온몸에 열이 끓듯 앓아야 한다는 것을 알면서도 모른 척하기 급급했다. 억울한 감정도, 얼굴이 화끈거릴 화나는 일도 그냥 넘기려고 했다. 대충 덮어두고 넘어간다고 해서 좋아지는 것은 없었다. 나아지는 게 없다는 걸 알아도 당장 아무 일도 없었다는 듯이 넘어가는 일이 편하게 느껴졌었다. 그 알량한 편안함 때문에 나는 나에게 가장 나쁜 사람이 되어있었다.

남이 만들어낸 대다수의 상처는 시간이 지나면 저절로 아물고, 흉터도 생기고, 다시 그 흉터마저도 희미해진다. 특이한 경우가 아니라면, 얼만큼의 시간이 걸리는지가 문제이지 결국은 괜찮아진다. 반면 스스로 깊어지도록 만든 상처들은 이상하게도 아물 기미조차 보이지 않는다. 나를 무시하는 말을 듣고도 그것을 묵인했던 나에 대한 배신감, 무례한 행동을 한 사람에게 경고하지 못한 나약했던 모습에 대한 실망감들이 상처를 깊게 헤집고 또 헤집어놨다.

스스로 돌보는 것을 할 줄 몰랐던 대가는 꽤 고열의 통증을 가져왔다. 타인에게 받은 아픔도, 바보같이 내가 나에게 준 아픔도 그대로 흠씬 얻어맞고 있었던 나는 너무 작아져 있었다. 별것 아닌 소음에도 마음이 덜컥 내려앉았고, 신경 쓰지 않아도 될 말에 금방 마음을 뺏겼으며, 은근히 나를 무시하는 잘못된 언행에도 주눅 들기 일쑤였다. 거울 속의 나는 나답지 않았다. 언제나 당당하게 살아가라고 엄마에게 배웠던 말들이 귓가에 맴돌았다.

당당하지 못할 이유가 하나도 없었는데도, 의기 소침해 있었던 까닭은 나를 안아주는 법을 몰랐기 때문이었다. 막상 지난 시간을 생각해봤을 때, 살아오면서 한순간도 내가 싫었던 순간이 없었다. 부족함도 많고, 실수투성이고, 넘어짐도 잦았지만 그런 내가 싫지는 않았다. 가여웠고 조금은 창피했고 애틋했을 뿐이었다. 잘 참는 사람, 착한 사람, 이런 말들이 나를 표현하는 수식어로 알맞다고 생각한 어리석음이 나 자신을 보호하는 일을 방해하고 있었다.

내 슬픔과 분노가 중요하지 않다며 단정 짓고 무시하려 했던 마음을 고쳐먹었다. 무엇보다 중요한 것이었다. 안 보이게 가린다고 해서 사라지지 않았다. 무엇보다 소중한 나의 마음을 먼저 돌봐야 했다. 무례함과 어이없는 행동으로 분노가 치밀 때는 불쾌함을 이야기했고, 슬픔에 잠식당할 것 같은 때에는 실컷 울어 슬픔이 차오르지 못하게 만들었다. 더는 남의 눈치를 보지 않았다. 내 삶에서는 당연히 가장 중요한 게 나일 뿐인데 그 이외의 것들이 나를 힘들게 한다면 가지치기하듯이 잘라내거나 독초 같은 존재들은 뿌리째 뽑아 던져야 한다는 걸 조금 늦게 안 것이다.

나에 대해서 비난하는 것도, 좌절하는 것도, 실수에 실망하는 것도 오롯이 나만이 할 수 있는 내 몫이자 권리이다. 함부로 나를 평가할 수 있는 사람은 어디에도 존재하지 않는다. 혹여라도 누군가 자신을 깎아내리려고 할 때, 속으로는 속상하면서 겉으로 웃으며 넘어갈 필요 없다. 아닌 건 아니라고 말해도 되고, 무례함은 무례함이라 알려줘도 된다. 알아서 잘 살아내는 각자의 삶을 가지고 평가하고 틀렸다며 손가락질하는 사람에게 친절은 어울리지 않는다.

삶은 나 혼자서 살아가는 것이라는 사실을 살면서 더욱 깨닫는다. 내가 강해지지 않으면 나를 지켜줄 사람은 아무도 존재하지 않는다. 당신이 조금은 더 단단해지고 강인해지면 좋겠다. 눈물이 많아도 괜찮고, 남에게 단호히 말하는 게 불편해도 괜찮다. 그래도 분별없이 예의를 상실한 행동에 대해서 이해해주지 않을 단호함이 필요하다. 이해할 수 없는 행동에 대해 '이해하지 않을 용기'가 자라날 것이다. 당신의 모든 날이 당당하고 멋진 날들만 가득하기를 응원한다.

"지금의 내가 더 나아질 수 있기를."

나를
아끼는 연습이 필요해

♈

 본격적으로 음식을 한 지 1년 정도가 지났다. 사실, 전업주부들처럼 매일 음식을 하지는 못한다. 반찬가게에서 주기적으로 배달해주는 반찬들과 대기업에서 만들어준 밀키트들이 바쁜 날의 밥상을 만들어주고 있다. 가끔 하는 음식이지만 그래도 짧은 사이에 요리가 제법 빨리 늘었다. 조리하기 까다로운 음식들도 이제는 실패하지 않고, 한 번에 두세 가지 음식도 할 수 있게 되었다. 수습생에서 초보 요리사로 조금 단계가 상승한 기분이다.

 전에는 내가 좋아하는 메뉴는 뒷전이고 일단 남편이 좋아하는 메뉴나, 초대한 손님이 좋아할 음식을 주로 했었다. 내 입맛보다는 같이 먹을 사람에 대한 배려가 우선이었다. 음식을 하는 요령도 없어서 힘들기만 하고, 정작 내가 먹고 싶었던 맛을 제대로 내지도 못했었다. 번번이 실패만 하고 바쁜데 시간만 쓰는 게 속상해서 배달 음식으로 저녁을 해결했던 적이 많았다. 그러다가 내 생각이 조금씩 바뀌면서 음식을 하는 건 꽤 재밌는 일이 되었다. 단순히 요리하는 게 즐겁다기보다는 내가 먹고 싶고 좋아하는 음식을 직접 해서 먹을 수 있다는 것에 재미를 붙이게 된 것 같다.

엄마는 내가 결혼할 때 장인이 만든 청자 그릇 세트와 은수저 세트를 선물해주셨다. 기성품과 달리 귀하고 좋은 거라서 함부로 쓰지 못하고 잘 보관하고 있을 뿐이었다. 언젠가 엄마와 전화를 하는데, 그릇은 잘 쓰고 있냐고 물어보셨다. 아까워서 쓰질 못하겠다고 말하자 엄마는 내가 귀엽다는 듯이 웃으며 말씀하셨다.

"나한테는 세상에서 제일 귀한 사람이 너야. 가장 귀한 내 딸이 좋은 그릇에 좋은 수저로 밥 먹어야지. 너를 아끼는 일에 네 마음을 아끼지 마. 너 하고 싶은 거 다 하고,

먹고 싶은 거 다 먹고, 그렇게 살아. 자신한테 인색해지면 사람이 한없이 작아지는 거야. 네가 너를 안 아끼면 엄마는 그게 너무 슬퍼."

엄마의 그 말이 너무 슬퍼서 전화를 끊고 한참을 멍하게 있었다. 왜 엄마에게 가장 귀한 게 나일까. 그리고 엄마의 사랑인 나는 왜 나를 아낄 줄을 모를까. 아무도 나에게 시킨 적도 없었고 강요한 적도 없었는데, 어느샌가 나는 나를 위해 무언가를 소비하는 걸 아끼고 있었다. 가정을 꾸리고 살아보는 건 처음이기에, 모든 것이 새로운 것 투성이라 무서웠다. 일단 미래를 위해 아끼고 절약하는 것 말고는 내가 할 수 있는 게 없었다.

결혼 전에는 갖고 싶은 립스틱이 있으면 아직 남아있는 립스틱이 있어도 사러 갔고, 계절이 바뀌면 작년에 입었던 옷이 있어도 새로 옷을 샀었다. 사치는 하지 않았지만 갖고 싶은 것과 필요한 것에 대해서는 아끼지 않았었는데, 조금 달라져 있었다. 나는 인터넷 쇼핑으로 최저가 가격을 비교해서 옷을 사면서, 남편이 입을 슈트나 다른 옷들은 매장에 가서 구매했다. 척추가 안 좋아서 운동을 배우러 다녀야 한다는 걸 알면서도, 강습료가 너무 비싸서 다음으로만 미루고 있다. 그러면서도 남편에게 쓰는 시간과 돈은 아깝지가 않았다. 남편도 애처가라 나에게 해주고 싶은 게 많아서, 언제나 다양한 걸 제안하지만 나는 다음으로 미룰 뿐이었다. 이상하게 나에게 쓰는 것은 유난히 아까웠다.

신기했다. 내가 살아가는 모습이 엄마를 닮아있었다. 무엇이든 아껴서 아빠에게, 나와 동생에게 다 해주려고만 했던 엄마의 삶을 내가 따라가려고 하고 있었다. 엄마에게 고맙고 미안하지만, 나는 엄마처럼 살고 싶지 않았다. 엄마가 왜 자기처럼 살지 말라는 말씀을 하셨던 건지 이제야 의미를 알 것 같아서, 그게 참 슬펐다.

더는 불필요하게 아끼지 않으려 한다. 나를 위해 마음을 쓰는 일도, 돈을 쓰는 일도 아끼지 않으려고 노력한다. 엄마에게 가장 귀한 사람은 내가 아니라 엄마가 되었으면 좋겠다고 말했듯이, 나에게도 가장 귀한 사람은 내가 되어야 함을 이제는 안다.

나를 아끼는 마음을 아끼지 않는다. 언제나 미뤄두었던 나를 먼저 챙기는 연습을 해본다. 오늘이 살아갈 날 중에서 가장 젊은 날이라는 말이 있듯, 오늘의 나를 실컷 사랑해준다. 지금, 이 순간 가장 반짝이도록.

삶

의

박

자

♥

바쁘다는 이유로 나는 너무 많은 것을 놓치면서 살고 있는 것일지도 모르겠다. 나만 살아감이 어려운 게 아니고, 나 혼자서만 삶에 고민이 있었던 것은 아닐 텐데, 내가 가장 힘들다는 착각을 하며 살았던 것 같다. 사실 대부분의 사람들이 나처럼, 아니 어쩌면 나보다 훨씬 큰 어려움을 마주하고 이겨내며 지냈을지도 모른다. 그것도 모른 채, 내 힘듦에 취해서 급하게 쫓기면서 살아오기만 했었다. 빨리 잘 해내야 한다는 사실이 나를 돌볼 시간을 모두 앗아갔다. 호흡이 급해지자, 힘들었고, 한계에 다가오자 나만 힘든 것 같아서 괜히 서러워졌었다. 의연함은 사라진 지 오래였고, 천천히 걷는 법을 잊어버린 사람처럼 절뚝거리는 다리로 뛰기 바빴다.

간혹가다 삶의 파도가 몰아치면 허우적거리기만 했다. 다시 물 위로 올라와야 한다는 사실에 연연하느라 힘을 빼는 법을 배우지 못했고, 나는 가라앉기만 했다. 그 탓에 평소에도 모든 신경이 예민해졌고, 바람이라도 세게 불 것 같으면 몸 사리기 바빴다. 고슴도치처럼 가시를 세워 몸을 웅크리고 있다고 해서 딱히 나의 보호막이 되어주지는 못했다. 커다란 파도가 몰아칠 때면, 그냥 지나갔으면 하는 내 바람과 다르게 꼭 나를 덮쳤다. 결국 피하지 못하고, 바닷속 깊은 곳까지 빠져들어 가야 했다. 물 밖으로 나오기 위해서는 한참이나 올라와야 했고, 꽤 긴 시간이 걸렸다.

나를 지키며 살아가려면 가볍게 살아가야 했다. 서두르려고만 하는 마음을 고쳐야 했고, 유연하게 상황을 받아들이는 마음이 필요했다. 긴장감으로 딱딱하게 굳은 채로 살아가는 게 더는 나에게 도움이 돼주지 못했다. 누가 더 힘들고 덜 힘든지를 따질 게 아니라, 힘들 때 그 힘듦을 더 수월하고 용감하게 넘어갈 방법을 찾는 게 먼저였다.

살아감의 박자를 조금 늦췄다. 천천히 가도 괜찮다는 당연한 사실을 다시금 상기했다. 나라는 사람에게 맞는 박자를 찾는 것에 집중했다. 주변의 속도는 내가 신경 쓸 게 아니었다. 쓸데없이 바쁘지 않도록 정말 중요한 일만 고르고 골라서 집중했다. 바쁨에 나를 잃어버리지 않도록, 적당히 바쁘고 적당히 부지런하게 살아가려 노력했다. 게으름도 피우고 다음으로 미루기도 했다. 내가 신경 쓴다고 해서 해결될 일이 아니라면, 굳이 신경 쓰지 않았다.

가볍게 생각하고, 굳이 힘들이지 않는다. 내가 다치지 않도록 나를 보호하는 일에 최선을 다한다. 아무리 바쁘더라도 틈을 내어서 내 기분을 살피고, 돌본다. 언제든지 브레이크를 밟고 쉴 수 있다는 걸 잊지 않고 살아간다. 내가 멈추면 큰일이라도 날 줄 알았던 지난날의 나와 작별을 하자, 삶이 윤택해졌다. 내가 멈춘다 해도, 알아서 잘 굴러가는 게 세상이었다. '나'라는 사람이 대체할 수 없는 유일한 존재라는 것은 맞지만, '내가 하는 일'은 대체할 수 있는 누군가가 있음을 잊지 않는다.

너무 빨리 가려고 하지 않아도 되고, 쉬고 싶으면 쉬었다가 다시 출발하고, 무엇이든 잘하려고만 하지 않아도 된다. 가고 싶은 속도로 할 수 있는 만큼 하면 된다. 중요한 것은 했다는 사실이다. 몇 번이고 하다 보면 실력이 늘듯, 멈추지 않고 가다 보면 목적지에 다다르듯, 살아감도 마찬가지이다. 막연한 응원이지만, 당신에게 건네본다. 지치지만 않으면 당신은 잘 해낼 것이라고.

몇 번이고 하다 보면 실력이 늘듯,

멈추지 않고 가다 보면 목적지에 다다르듯,

결국,

살아감도 마찬가지이다.

떨쳐내 버릴 기억, 다정한 기억.

♡

 많은 일을 경험하면서 살아간다. 그것들이 인생에서 얼마큼의 영향력이 있을지 미리 알고서 살아가는 사람은 없다. 그저 살아낸다. 조금 서럽더라도 괜찮은 척하기 위해 노력하고, 무너질 듯 힘들더라도 무너지지 않기 위해 버텨내고, 사뭇 좋은 일이 생기면 두고두고 자만하지 말자며 기쁨도 애써서 자제한다. 그렇게 지나가고 나면 정작 나에게 있었던 일들이 어떤 존재로 남아있는지 일일이 기억하지 못하고, 기억의 편린만 갖고 살아가게 된다.

 그렇게 살아가다 보면, 흐릿한 흔적 정도로만 남아있던 기억이 어느 순간 내 삶에 커다란 영향력을 행사하기도 한다. 날카로운 바늘로 변해있어서 마음속 어딘가를 찌르는 통증이 되어 있거나, 다시는 반복하고 싶지 않은 공포로도 둔갑하기도 한다. 당시에는 그저 흘러 지나가 버릴 일이라고 생각했던 것들이 예상치 못하게 나에게 영향력을 끼치고 있음을 자각하게 된다.

 누군가 생각 없이 던진 말이 깊게 파고들어 뿌리를 내리기도 했고, 금방 잊어버릴 줄 알았던 기억이 내 삶의 가치관을 통째로 바꾸기도 했고, 잊고 싶었던 장면은 신이 나서 자신의 자리를 부풀려 트라우마가 되기도 했다. 시간이 흐르면 기억은 가물가물해진다고 하지만, 그 반대의 것이 되는 것들은 분명히 존재했다. 어린 시절 단짝이었던 사촌 동생의 죽음이 그랬고, 가족이라고 여겼던 친구의 배신이 그랬고, 가장 믿었던 동료가 서슴없이 내 약점을 가지고 공격하던 날이 그랬다.

 시간이 아무리 지나도 비슷한 일만 있으면, 그 당시의 감정에 사로잡히게 됐었다. 그때 느꼈던 분노를 느끼거나, 슬퍼지거나, 감정선이 속절없이 무너졌다. 나에게 상처를 입힌 사람들이 건조하고 무성의하게 던진 사과 따위는 나의 상처와 남아있는 기억들을 모두 보듬어내지 못했다.

 제자분이자 내 상담가 역할을 자처해주신 분을 만나면서 달라졌었다. 트라우마 치료로 저명한 정신건강의학과 교수님이 내 강의를 신청한 적이 있었다. 교수님은 글쓰기가 취미라서, 나에게 책 원고 쓰는 법을 배우느라 꽤 오랜 시간 강의를 들으신 분이었다. 때때로 수업이 끝나갈 무렵 짧게 남은 시간이면 교수님의 간이 상담이 이루어졌었다. 회색빛 머리칼인 그는 나에게 단호하게 생각하며 살라는 말을 강조했었다. 지금 당장은 변하기 힘들어도, 언젠가 알에서 깨어나듯 변화가 올 것이라며 응원했다. 그 당시의 나에게는 아직 참을만한 일이고 넘어가도 괜찮다고 생각하기에 잠잠하게 살아갈 뿐이지, 그 선을 누군가가 넘어간다면 과감하게 대처하라고 그랬다. 트라우마를 치료하는 것보다, 트라우마가 생기기 전에 예방하는 게 훨씬 쉬운 일이라는 말을 덧붙였다.

 예상하지 못한 상태로 마주하게 된 일들에 속수무책으

로 당할 수밖에 없었다. 기억으로 남겨진 그것은 무서울 만큼 힘이 세서 원래의 나와는 다른 내 모습을 만들어내기도 한다. 벗어나고 싶은 마음과는 다르게, 깊숙이 파고드는 파편이 되는 걸 막아내는 게 우리가 할 수 있는 일이다. 잘 살아내고 싶기에, 언제나 어디서나 함부로 나를 다치게 하지 못하도록 보호할 수 있는 게 필요한 것이다.

'별일 아니야'라고 털어내려 노력한다. 지나치려고 묻어두지 말고, 흩어져 내 안에 자리를 잡을 틈을 주지 않게 만든다. 그리고 그냥 운이 안 좋았을 뿐이라며 가볍게 여기고 넘어가기 위해 노력한다. 이상한 말을 들은 것도, 엮이고 싶지 않았던 사람과 엮이게 된 것도, 당하고 싶지 않은 일의 가운데에 있었던 것도 그저 운이 안 좋았던 것뿐이다. 굳이 그럴만한 이유를 찾거나, 일어난 일을 곱씹어 기억의 찌꺼기로 남지 않게 만든다.

무시할 것은 무시하고, 신경 쓸 필요 없는 것에는 무심하게 지내며, 당신이 언제나 아무 일 없이 편안했으면 좋겠다. 스쳐 갈 일이 당신의 안에 자리 잡지 않게 떨쳐내 버릴 기억은 잘 정리하고, 다정한 기억만 차곡차곡 잘 쌓아갈 강인함을 가지길 바란다. 타인의 가치 없는 말과 행동이 당신을 다치게 할 수 없다는 걸 잊지 않아야 한다. 누가 뭐라고 해도 '나'의 삶에서는 내가 가장 소중한 것이니까.

'누가 뭐라고 해도'
다정한 기억만 차곡차곡 잘 쌓아갈 수 있도록.
내 안의 강인함을 채울 수 있도록.
'누가 뭐라고 해도'

다치지 않아도 될 마음

♡

 무례한 사람을 마주치면 경고하고 넘어갈 줄 알며, 상대의 입장만 생각할 게 아니라 내 입장을 먼저 생각해보려고 노력도 하고, 굳이 참지 않고 간결하게 살아가는 법도 안다. 처음부터 이런 삶을 살아왔던 것은 아니었다. 주변에서 들리는 소음들에 전부 일일이 반응했고, 며칠을 앓았으며, 가뜩이나 복잡한 마음을 더 엉키게 만드는 것에 탁월한 솜씨가 있었다. 그 탓에 가장 행복해야 할 시간에 행복하지 않았고, 더 행복하고 당당했어야 할 때 아무것도 하지 않고, 혼자 참기만 하면서 시간을 허비하기도 했다.

 아이러니했다. 내 삶에서 왜 내가 행복하지 않아야 할

까. 가장 근원적인 물음이 가득 채워졌었다. 하나도 행복하지가 않았다. 불안증이라고 불리는 심장 두근거림이 심해졌었고, 아무것도 내 삶에서 즐겁지가 않았다. 늦게 배운 술만 늘어갔고, 몸은 나빠지는 게 느껴졌었다. 웬만한 일에 남 탓을 하지 않으려 하는 나와 다르게 주변 사람들은 너무 쉽게 남 탓을 했다. 남을 탓하며 비난하는 사람들의 손가락이 나를 향하는 경험을 하기도 했다. 나도 가운데에서 피해자이고 나 역시 힘든 사람인데, 왜 사과를 해야 하는 것일까. 미안하다는 말을 입버릇처럼 하려다가 문득 입을 다물었다. 미안할 것도 없었고, 내가 잘못한 것도 없었다. 사람들은 참아주는 사람에게 고마움을 느끼지 않았다. 참는 사람은 만만하고 화풀이하기 좋은 상대일 뿐이라고 여길 뿐이었다.

내 삶에서 내 마음이 먼저이고, 내 기분이 우선되어야 하고, 내 결정이 가장 영향력이 있어야 한다는 것은 당연한 일이다. 그 당연함을 자꾸 모른 척 넘어가려 한다. 껄끄러워지고 싶지 않아서, 다른 사람이 서운해하는 게 미안해서, 관계가 흐트러질까 봐. 여러 이유를 떠올리며 자신의 마음을 괴롭히는 일에 억지스러운 합리화를 만들어낸다. 굳이 내가 착한 사람일 필요도 없고, 조용하게 일을 넘어가야만 하는 이유도 없다. 한 번쯤은 냉정한 사람이 되어도 좋고, 잘못을 한 상대가 자신의 잘못을 인정하고 알아들을 때까지 단호하게 사실을 알려줘도 괜찮다. 내 삶이다. 내 삶을 망치려 들거나 방해한 사람에게 굳이 나를 희생해가며 착한 사람이 되는 일은 아무런 가치 없는 선택이다.

  화가 나면 눈물이 먼저 나오려 하고, 남에게 거절 한 번 하려면 수천 번도 더 고민하고 망설이게 되고, 억울한 일을 당하면 그것을 따지기보다 일단은 참아내 보려고 노력했었다. 그런 노력들은 생각보다 힘든 일인데, 힘들게 노력했던 것이 무색해질 만큼 결과는 형편없었다. 가까운 사람들마저도 이런 나를 만만하고 속이기 쉬운 사람으로만 여길 뿐이었다. 이제는 화가 나면 화를 내고, 잘못된 행동은 잘못이라 말하고, 억울한 일을 당하면 입증할 수 있는 자료들을 침착하게 찾아낸다. 굳이 사람 좋다는 말을 들으려 노력하지 않는다. 천성이 겁이 많고, 이해하는 게 습관이 돼버린 사람은 단단해지기 위해 더 큰 노력이 필요했다. 더 좋은 사람이 되려는 노력은 결국 나를 좀먹게 만든다는 것을 알았다. 내 삶에서 내가 행복할 수 있는 행동이 무엇인지 고민했다. 목소리 큰 사람이 자신의 의견만 고집하려 하고, 틀림을 인정할 줄 모르는 몰지각한 사람에게서 벗어나고 단호해지는 게 가장 먼저였다.

 살다 보면 생각과 믿음이 우스워지는 일들이 너무 많이 일어난다. 이 사람은 좋은 사람일 거라고 믿었던 그 사실이 거짓이었음을 알게 되는 것은 순식간이다. 막상 자신이 조금이라도 힘들어지거나 불리해질 것 같으면 기다렸다는 듯 남 탓으로 돌리고, 자기만 보호하기 급급한 사람으로 변하고 만다. 심지어 상대가 조금이라도 착하고 만만한 사람이기라도 하면 신이 나서 자기의 궤변을 늘어놓는다.

 사람에게 너무 큰 실망을 하고 화가 나면 어느 정도 사람에 대해서 포기하게 되는 것 같다. 좋은 의미로 그러려니 하는 게 아니라, 부정적이고 다 포기하는 의미로 '그러려니' 하는 경우가 더 많다. 역시, 못된 사람은 한결같다는 걸 다시 한번 느끼면서 더 단단하게 살아야겠다는 다짐을 한다.

나는 지난날의 내가 착한 게 아니라 바보 같았고, 순진한 게 아니라 아둔했다고 회상한다. 실컷 당해봤고 아파봤으니 당신은 나의 지난 시간처럼 살지 않았으면 좋겠다. 조금 덜 착해도 되고, 덜 순진하면 좋겠다. 모든 말을 다 믿지 말고, 잘못하지도 않은 일을 사과하려 하지 말고, 잘 방어하면서 살아가길 바라는 마음뿐이다. 다치지 않아도 될 마음이 다치지 않도록.

"다치지 않아도 될 마음이 다치지 않도록."

걸음의 끝에는

♥

 보기 싫은 뒷면도 보고, 알고 싶지 않았던 것도 알게 되면서 어른이 되었다. 보고 싶은 것만 보고, 경험하고 싶은 것만 경험하면서 살아가기란 어쩌면 불가능에 가까운 일이었다. 학교에서 배웠던 것들과 너무 동떨어진 것들이 더 많았고, 도덕 교과서에서 배웠던 생각은 실생활에서 전혀 도움이 되지 못할 때가 종종 있었다.

 이 정도면 세상을 다 알았다고 생각하면, 세상은 그런 내 생각을 비웃듯이 새로운 시련을 툭 던져줬다. 이것까지 알았으면 삶의 쓸쓸한 모습을 전부 경험한 게 아닐까 하고 감히 건방지게 생각해보면, 역시나 내 앞에 굳이 알고 싶지 않았던 삶의 이면을 보여줬다. 그럴 때마다 이겨내는 것은 온전히 내 몫이었다. 살아감이 행복과 고난이 섞여 있는 여정이라면, 모든 일을 버텨내고 감내하는 건 혼자의 일이었다. 하소연은 약점이 되고, 슬픈 일은 나를 공격할 칼날이 되어 돌아올 뿐이었다.

쓸쓸한 소리일지 몰라도 나를 지켜주고 돌봐줄 사람은 '나' 자신 밖에 없다. 결국 가장 중요하고 절실한 순간에 자기만 생각하는 이기적인 동물이 사람이었다. 예외의 사람이 매체에 나오는 것은, 그만큼 너무 희소성이 있기에 출연하는 것뿐이었다. 아마 나 역시도 사람이기에 똑같을 것이다. 그러니 더는 타인을 믿지 않는다. 오직 나에게 의지하고 하소연한다. 아무도 진심으로 나를 이해해줄 사람이 없다는 걸 안다.

막상 그 사실을 인정하자 외롭지 않았다. 누구에게도 딱히 바라는 게 없고, 나에게 무언가 해줄 수 있을 거라는 기대감도 없다. 다 내가 해야 할 일이고, 내가 해내면 되는 일이라는 걸 깨달았다. 내가 못 할 일은 없고, 생각해 보면 해결해내지 못한 일도 없었고, 웬만한 어려움도 다 이겨내며 살아온 나였다. 내 삶의 주체성이란, 마음의 휘청거림도 나 혼자서 다 감내하고 이겨내야 한다는 뜻일지도 모르겠다.

혼자서 용감히 걸어갈 당신의 모든 날이 마냥 외롭지는 않았으면 좋겠다. 함부로 의지하지 말고, 기대하지 않고, 마음 주지도 밀고 걸어가면 된다. 묵묵히 그리고 담대하게 나아갈 당신의 걸음의 끝에 커다란 안온함이 있을 것이다.

이왕이면

♡

 더는 실망할 것도 없을 만큼 실망하고 나서야, 기대조차 하지 않게 되는 법이다. 사람은 알면서도 실수를 한다. 쉽게 변하지 않는 동물이 사람이라는 것을 잘 인지하고 있으면서도, 이 사람은 변할 것이라는 기대를 품곤 한다. 나와 친한 사람은 다르다는 거만함을 내포한 자만심 때문이다. 뒤통수를 세게 맞은 것처럼 마음을 앓고, 실망과 절망으로 너덜거리는 심정으로 인정한다. '역시 사람은 변하지 않는구나.'

 '사람은 변하지 않는다'는 심리학자들이 심리학에서 절

대적으로 틀리지 않는 명제라고 꼽는다는 글을 읽었다. 정말이지 사람의 천성은 웬만해서 변하지 않는다. 노력으로 아닌 척 잠깐 달라진 모습은 보일 수 있을망정, 자기 원래의 행동거지를 바꿔내지는 못한다. 변할 거라는 기대감으로 기다리고 참고 또 참다가 결국 나를 잃을 뻔하게 된 적도 있었다. 그래서 나는 누구에게도 더는 기대하지 않는다. 거슬리지 않는다면 '어차피 그럴 사람'이라 생각하며 무시한다. 간혹가다 피해를 받을 때만 경고할 뿐이다. 결단코 그것이 변화될 것이라는 기대나 희망 따위는 품지 않는다. 나만 힘들어지는 일이라는 것을 지겨울 만큼 경험한 덕분이다.

누군가를 고치게 하려고 타이르거나, 화를 내 거나, 부탁하는 것은 나만 힘들어지는 일이다. 그런 힘든 일을 포기하지 않는 까닭은 아직도 남아있는 기대감이 원인이다. 실망이라는 단어로 담아낼 수 없을 만큼 실망하면, 더는 사람에 대한 기대 또한 사라져 포기 상태가 된다. 그제야 사고 체계는 꽤 간결해진다. 선택지가 여러 가지로 만들어지지 않고, 두 가지로 축약된다. 관계를 끊거나, 경고하거

나. 안 보고 살 수 없다거나, 피할 수 없는 관계라면 더는 나에게 그 행동으로 인해 피해가 오지 못하도록 단호하게 경고할 필요가 있다. 큰소리를 내는 것을 질색하고, 이왕이면 갈등을 피하려고만 했던 나조차도 이 방법을 선택하게 된다. 혼자서만 끙끙거리며 힘들었던 것과는 다르게, 삶의 질이 그나마 나아지게 된다. 그 사람의 본질을 고칠 필요도 없고, 그럴 수도 없다. 중요한 건 나에게 피해가 오지 않게끔 확실하게 벽을 만들 필요는 있는 것이다.

이것만 고치면 좋을 사람은 사실 좋은 사람이 아니다. 어떤 부분에서 무례하거나, 불쾌하거나, 나에게 거슬리는 행동을 했다는 것인데, 그걸 굳이 눈감고 넘어갈 필요는 없다. 모든 면이 다 좋을 수는 없지만, 절대 다듬어지지 않을 정도로 툭 튀어나와 모난 부분이 있다면 그건 평생 고치지 못할 거라고 생각하는 게 더 효율적이다.

가장 중요한 건 내가 잘 살아가는 일이다. 일단 내 마음이 편해야 하고, 심적으로 고통스럽지 않아야 한다. 그러려면 굳이 힘든 선택을 애초에 하지 않는 게 가장 좋은 선택지일 것이다. 평생 고치지 못할 문제를 가지고 섣불리 고칠 거라는 허망한 믿음을 갖지 않아야 한다. 굳이 나 자신을 힘들게 하면서 누군가를 고쳐주려고 할 필요가 없다. 결국은 돌아오고, 또 반복되는 지긋지긋한 굴레에서 살아가는 건 너무 고통스러운 일일 것이다.

수많은 사람이 가보고 나서 힘들다고 말리는 데에는 이유가 있다. 자기 습관 하나를 고치는 것도 힘든데, 내가 누굴 고치겠다고 그 고생을 굳이 해야 할까 생각해봤으면 좋겠다. 굳이 안 해도 될 고생은 피하고, 안 봐도 될 일은 보지 말고 살아가길 바랄 뿐이다. 이왕이면 더 행복하게 살아갔으면 싶은 당신이니까.

좋은 사람들만 있으면 좋으련만

♡

 자신이 가진 장점을 사람들에게 굳이 보여주며 살 필요는 없다고 생각한다. 눈치가 정말 좋은 사람은 사실 눈치가 없는 사람인 척 산다고 하듯이, 적당히 알아도 모른 척 사는 게 편하다는 걸 자주 느낀다. 쓸데없이 피곤한 일이 생기는 걸 막아주기도 해서 그렇지만, 인생에서 피해야 할 사람을 거를 수 있는 효과적인 방법이기도 하다. 대부분의 사람은 매사에 유연하고 좋은 게 좋은 거라며 넘어가고 굳이 예리하게 파고들려고 하지 않는 내 성격에 편안함을 느끼면서도 지켜야 할 선을 넘지 않고 예의를 지킨다. 그러나 몇몇 사람들은 겉으로 보이는 내 성격이 자신이 속이기에 편하다고 생각한 건지 복잡하고 무례한 속내를 결국 드러내고야 만다.

 나의 장점은 사람을 잘 믿지 않는다는 점이다. 이게 왜 장점이 되어버린 것인지 씁쓸한 마음이지만, 장점이 된 것은 분명하다. 굳이 불신을 티 내며 온몸으로 까칠하게 지내지는 않아도 사라진 신뢰에 대해서는 공백을 만들어놓은 채, 빈 곳에 혹시나 하는 연민이나 불필요한 이해를 넣지 않고 단호히 살아간다.

 처음부터 끝까지 좋은 사람들만 있으면 좋으련만 그건 동화 같은 이야기였다. 모른 척, 넘어가는 척하면 신이 나서 나를 속이려고 드는 사람들이 존재한다. 보자마자 이상한 사람인지 판단할 수도 없고, 그런 사람들을 미리 알고 쫓을 방도가 없어서 나는 종종 대부분의 이야기에 미소로 답한다. 논리가 하나도 맞지 않는 말에도 그러냐며 진지하게 대답해주곤 한다. 그런 대화가 이어지다 보면 결국은 알게 된다. 이 사람이 나를 진심으로 대하는 사람인지 아닌지가.

좋은 선배인 척 잘해주다가 자기가 판매하는 금융상품 가입을 권유했던 사람, 내 미래를 언제나 응원해주는 것처럼 해놓고 뒤에서는 내 흉을 보고 다니던 사람, 믿을 사람 아무도 없으니 사람 조심하라는 조언을 하며 좋은 사람인 양하다가 자기가 파는 물건을 내 SNS에 올려달라고 하는 사람, 나에게 바라는 것 없는 우정이라 말했으면서 내 책이 조금 잘되자 대뜸 돈을 빌려달라고 했던 사람. 전부 나열할 수 없이 많은 사람과 상황을 겪었다.

잘 들어주고, 잘 믿는 시늉을 하면, 몇 번 만에 결국 자신의 목적을 꺼내 보여준다. 그런 상황을 겪는 게 한때는 참 아픈 일이었는데, 어느새 익숙해져 있었다. 아무 이유 없이 잘해주는 사람은 얼마 없다는 걸 알고 있다. 바라는 게 있거나, 나를 이용해서 얻고 싶은 게 있을 때 잘해주려는 사람이 많았다.

순진하게 잘 믿고, 고마워하던 때의 나는 없어졌다. 사귐에 있어서 천천히 고민하고, 어느 정도 상대에 대해서 판단을 한 후에 신뢰할지를 결정한다. 운이 안 좋게 굳이 신뢰할 필요가 없는 사람을 만났다면, 모처럼 사본 복권이 역시나 꽝이 된 것처럼 크게 마음 쓰지 않고 지나간다.

 복잡하지 않게 생각하고 사람을 만나려고 노력한다. 내 삶에서 사소한 사람 때문에 나의 기분이 망가지지 않는 게 언제나 우선이다. 적당히 분위기 맞추고, 넉넉한 거리감을 둔다. 조금 슬픈 말이지만, 잘 믿지 않으면 그만큼 상처받을 일도 줄어들게 된다. 당신이 상처받지 않고 늘 편안했으면 싶다. 굳이 남을 믿어주려 애쓰다가 당신을 잃지 않게.

평범해서 더없이
소중한 일상

♡

 이 정도면 꽤 괜찮은 삶이 아닐까 싶었다. 거창한 시작도 없었고, 대단한 무언가를 이뤄낸 것은 아니지만 만족스러웠다. 한때는 출발선에서 가장 앞서서 달리는 사람만 행복하다고 착각한 적도 있었다. 그 탓에 내가 불행한 사람이라고 푸념한 적도 많았다. 실수도 잦고, 욕심은 많고, 해내고 싶은 일에 비해 나의 능력은 부족했다. 드라마나 영화, 소설 속의 주인공 같은 화려한 결말 같은 건 내 인생에서 좀처럼 나오지 않았다. 여전히 나는 비슷비슷한 하루를 보내고 있다. 여느 매체가 보여주는 성공담처럼 엄청난 성공을 해내지도 못했다. 그런데도 언젠가부터는 매일 잠들기 전에 보낸 하루를 뿌듯하게 느끼게 되었다. 내 삶을 감사히 여기고 만족할 줄 아는 법을 알았기 때문인 것 같다.

 나의 부족함을 인정할 줄 알아야 다음 단계로 나아가는 발전이 있었고, 결핍된 부분을 받아들여야 그것을 대체하거나 메꿔낼 수 있는 무언가를 찾을 수 있었다. 쓸데없는 오만함과 불필요한 자존심을 덜어내자 조금 더 삶이 풍요롭게 느껴졌다. 모든 일을 완벽하게 처리하고, 실수도 하지 않고, 무엇이든 다 잘 해내는 나는 상상 속에만 존재하고 현실에 없음을 인정했다. 머릿속에 수없이 그려보았던 되고 싶은 '나'를 가끔 동경만 할 뿐, 그것과 나 자신을 비교하지 않는다. 지금을 살고 있는 허점 많고, 계획대로 풀리지 않아 당황하는 일이 더 많은 나를 사랑한다.

 가끔 불쑥 올라오는 부러움이라는 감정을 잘 다스리는 것도 잊지 않는다. 지금도 누군가의 이야기를 듣거나 삶의 모습을 보면 내가 맞게 사는 것인지 문득 허무해지는 때가 있다. 고급 외제 차를 구매한 사진을 SNS에 올리며 행복해하는 친구를 볼 때도, 비트코인으로 돈을 벌어 서울 한복판에 아파트를 장만했다는 선배를 볼 때도, 나는 지금까지 무얼 했나 싶은 생각이 들기도 한다. 그럴 때면 그냥 부러움으로만 끝내고 나를 반성하려고 하지 않는다. 내 기준에서 잘못된 행동은 하지 않았고, 도리에 맞게 살아왔고, 성실하려고 노력했으니 그걸로 충분히 괜찮은 삶이었음을 잊지 않는다. 나에게는 너무 다른 세상의 이야기를 갖고 부러워하다 길을 잃지 않도록 말이다.

내 삶에서 도움이 되지 못할 감정이나 생각들은 비우고 정리한다. 여백이 생긴 곳에 다시 차근차근 내가 나답게 살아갈 수 있도록 도와줄 경험이나 노력의 모습들을 담아낸다. 가다 보면 가끔 실수할 수 있지만, 그것 또한 나아가는 과정이니 괜찮다는 걸 알고 있다. 살아내기 버거운 삶에서 해야 할 일은 언제라도 내 편이 되어주는 일이다. 내가 최고로 잘하고 완벽한 사람이라서가 아니라 '나'이기 때문에 아껴주고 사랑해준다는 걸 잊어서는 안 된다.

평범해서 더없이 소중한 일상과 그런 나의 일상의 곳곳에 미소를 선물해주는 주변 사람들과 간혹 넘어지더라도 씩씩하게 일어나는 나에게 고마움을 생각한다. 고마움이란 마음은 꼭 따뜻한 수증기처럼 금세 어딘가로 증발하기 때문에, 자주 생각하고, 늘 표현한다. 오늘 하루도 잘 살아낸 나에게 오늘도 참 고마웠다고.

안온한 날

♡

 기대하지 않으면 실망하지도 않을 줄 알았다. 애초에 아무런 기대감 없이 시작하면 일도 관계도 그것의 결말이 어떤 모양이라 하더라도 괜찮을 것 같았다. 자꾸 실망하게 되면, 기대마저도 하지 않게 된다. 어차피 저 사람은 그럴 사람, 혹은 어차피 가능성이 희박한 일. 애써 기대하지 않고 일부러 별생각을 하지 않고 살려고 노력했다. 굳이 나를 힘들게 하면서까지 붙잡고 있지 않아도 되는 기대감이 존재함을 알고 있어서였다.

 혹시나 했던 일이 역시나였다. 예상과 다를 것 없이 딱 그 정도의 일이 생겼을 때 이상하게 덤덤한 마음으로 넘어가 지지 않았다. 뒤통수를 맞는 건 아무리 대비하고 있었어도 아픔의 강도는 그대로였다. 그렇게나 당해봤으면서도 처음처럼 놀랐고, 실망감을 숨기지 못했다.

어쩌면 기대를 하지 않는다는 건 불가능한 일인지도 모르겠다. 마음의 작은 틈으로 새어 들어오게 된다. 달라질지 모른다는 헛된 희망, 아닌 것을 알면서도 이번에는 다를 거라는 부질없는 바람들이 자꾸 쌓이는 것이다. 그것들이 모여 어느새 꽤 그럴듯한 기대감이라는 형체로 자리를 잡았을 때, 모른 척하려고 했을 뿐이었다.

마땅히 기대감을 버리고 포기할 것에 대해서는 기대하지 않는 연습을 한다. 기대하지 않는 건 마음을 비우는 일과도 닮아있는 것 같다. 오랜 시간 동안 수십번도 넘게 실망했다면, 기대를 버리는 일은 그것의 몇 배의 시간이 걸릴 것이다. 그래도 나는 차분히 기대감을 덜어내려고 한다. 삶의 활기가 되어주거나 긍정적인 희망이 되어주는 기대만 갖고 살면 된다. 오히려 그릇된 일에 대한 기대감은 나만 힘들어지는 헛된 희망이 되는 경우가 더 많다.

안온한 날들을 살아가기 위해서는 버리고 가야 하는 것들이 존재한다. 쓸데없는 욕심과 불필요한 기대감, 부정적인 감정 같은 걸 우리는 과감히 버려두고 나아간다. 조금이라도 조용하고, 보다 괜찮은 날을 살아가야 하기 때문에.

작은

    보폭으로라도

♡

　타인과 사소한 갈등에도 잠을 설쳤고, 친구와의 별것 아닌 다툼에도 며칠간 마음고생을 해야 했다. 세상이 참 어려웠다. 옳고 그름에 대해 사회에 나오기까지 오랜 시간 교육받고, 스스로 공부하고, 생각했던 것이 때때로 무너질 때가 있었다. 내가 옳다고 배운 것이 어느 순간에는 고지식함이라고 칭해지기도 했고, 지양해야 하는 삶이라고 했던 것이 성공을 위한 가장 현명한 길이라는 듯 불리기도 했다. 머리는 어수선해졌고, 삶의 갈피를 다시 잡아야 하는지 고민했었다.

어떤 삶을 살 것인가. 근본적인 질문에 종종 부딪혔다. 그 질문에 대한 답을 말하기에는 내 생각이 너무 혼탁해져 있었다. 인생이 참 뜻대로 풀리지 않은 시기였다. 똑똑하다는 말을 곧잘 들으며 자란 학생이었고, 최상위권의 성적을 늘 유지했고, 많은 경시대회와 논술대회에서 수상한 상장이 쌓여있을 정도로 나의 12년간의 학창 시절은 꽤 성실했고 치열했다. 모범생이라고 불리는 삶을 걸어왔는데, 이상하게도 내 삶은 예상과는 전혀 다른 모양이었다. 나도 아빠처럼 명문대에 수석으로 입학하고 졸업과 동시에 바로 대기업에 입사하고, 입사 동기들 중에서 가장 빨리 승진 궤도를 달릴 것이라고 막연하게 생각했었다. 그 생각은 현실에서 완전하게 산산이 부서져 있었다. 또래 중에 모든 것에서 늦어져 버린 나는 언제나 조급할 뿐이었다.

누구라도 원망하고 싶었다. 다른 사람이나 무언가의 탓으로 돌리지 않으면 나 스스로가 너무 미워서 참지 못할 정도였다. 유치했던 그때의 나는 마음이 미움으로 가득했었다. 엄마 아빠에게 내가 너무 못나서 슬프다며 부모님 마음을 아프게 할 말들을 참 많이도 했었다. 아빠 엄마는 그런 나에게 한 번도 타박하거나 잔소리를 하지 않으셨다. 묵묵히 기다려주셨고, 마음이 갑갑할까 봐 방학이면 근사한 곳으로 여행을 데려가 주셨다. 본가에 갈 때면 언제나 사랑이 가득한 표정으로 한없이 안아주신 분들이셨다. 부모님의 그런 노력에도 불구하고 자신에 대한 실망감과 회의감은 지워지지 않았다. 10대에 사춘기가 오지 않았던 나에게 뒤늦게 온 사춘기인가 싶었다. 지긋지긋한 자기연민도, 지난 선택에 대한 후회도, 모난 감정들도 다 지나갈 것이라고 막연히 기다리는 수밖에 없었다.

그때의 무력감과 자기 비하 감정을 이겨내기 위해서 일부러 바쁘게 지냈었다. 가만히 쉬거나, 여행을 다니는 건 나에게는 아무런 도움이 되지 못했고, 불안함을 이겨내는 것은 내가 무언가를 해야 했었다. 현실적인 인생을 위한 준비도 빼놓지 않고 해야 했고, 나의 꿈을 위한 도전도 계속했었다. 언제나 나를 응원해주고, 든든하게 지원해주시는 부모님 덕분에 배우고 싶은 것들도 실컷 배우며 시간을 빼곡히 채웠다. 바쁘게 지내다 보니 부정적인 감정들도 잊을 만했다. 소소한 성취부터 꽤 근사한 결과까지 내가 새롭게 만들어내는 나를 인정하게 됐다. 나를 미워할 필요도 없었고, 굳이 누군가를 원망하고 싶은 마음도 사라지게 되었다. 뒤처져 보기도 하고, 무너져보기도 하고, 상실감과 절망감에 도망치고 싶어 하기도 했다. 그 모든 순간의 나는 온전히 '나'였다.

'조금 늦으면 어때.' 내 주변 사람들이 응원처럼 건네주었던 말을 더 이상 곡해해서 듣지 않게 되었다. 그래, 조금 늦으면 어때. 나보다 몇 곱절을 더 살아본 어른들이 해 준 말들이 마냥 나를 위로하기 위한 말은 아닐 거라는 믿음이 생겼다. 길고 긴 인생에서 어떤 순간에는 뒤에 있다가, 또 어떤 나이에는 내가 제일 앞에서 달리고 있기도 하고, 엎치락뒤치락하면서 주변 사람들과 같이 나이 들어가는 게 삶이 아닐까 싶었다.

일생에서 누구에게나 힘든 시기는 찾아온다. 그게 어느 때일지, 또 몇 번을 마주하게 될지는 아무도 모르는 일이다. 그래도 그 시기를 너무 많이 두려워하지 않는다. 한 번 겪어봤다는 뜻은 이겨내 봤다는 뜻이기 때문이다. 앞이

캄캄해서 보이지 않을 수 있고, 안개 낀 도로처럼 아무것도 명쾌한 것은 없고, 어디로 가야 하는지조차 모르겠을 때, 작은 보폭으로라도 가다 보면 결국 날은 밝아지고 안개는 걷히게 된다. 괜히 나 자신이 미워지고 살아온 시간에 대해 회의감이 들 수도 있다. 내 뒤에 있는 어제와 마주하게 될 내일이, 오늘의 나에게 말해줄 것이다. 틀린 길은 없었고, 잘 걸어왔다고 말이다.

'조금 늦으면 어때.'

"그래, 조금 늦으면 어때."

함께
빛나는 존재

♡

 '도리'에 대해서 말하고 싶어서 꺼내는 이야기는 아니다. 나도 그다지 사위의 도리, 며느리의 도리 같은 단어들을 썩 유쾌하지 않게 생각한다. 다만 도리와 책임감은 엄연하게 다른 결이라는 건 중요하게 인지하고 있다. 가끔 기혼자인 사람들과 이야기를 나눌 기회가 생길 때면, 고개를 갸우뚱하게 되는 순간들이 드물게 있었다. 맞벌이인데도 불구하고 자신은 남자인 데다가 연봉이 조금 더 많기 때문에 아내에게 모든 가정일과 육아, 심지어 시가의 대소사까지도 전부 맡겼다면서 자랑스럽게 이야기를 이어나갔다. 남자 후배들에게 결혼 초반에 자기처럼 와이프 기를 죽여야 한다며 말했다. 또 다른 지인은 의류 사업을 하고 있다. 맞벌이 부부이지만, 자기는 다 남편한테만 시키면 시켰지 절대 음식을 만들지도 않고 식사를 차려본 적도 없고, 웬만한 집안일은 안 한다며 말했다. 집안이 난장판이 될 때까지 차라리 그냥 놔둬 버리면 남편이 그제야 한다며, 남편을 시종 부리듯이 사는 팁이라며 말했었다. 그 사람들이 형편없는 말을 이어가며 의기양양하던 모습은 나에게 부정적인 놀라움이라 잊히지 않는다.

각자 사는 방식이 있고, 그것에 대해서 맞고 틀리고를 함부로 판단할 수 없지만, 의아했다. 가정을 꾸리는 어른이라는 사람들이 책임을 다하지 않은 행동을 왜 자랑인 양 떠드는 것이고, 그것을 듣고 맞장구치는 사람들이 존재한다는 사실이 더 놀라운 일이었다. 정말 일이 바쁜 사람이 있다. 나 역시도 원고를 마감해야 하는 기간에는 잠도 몇 시간 잘 수 없을 만큼 바쁘게 산다. 집필 작업량이 너무 많아서 집안일은 거의 신경을 쓰지 못한다. 하지만 원고를 여유 있게 집필하논 기간이나, 책을 출간하고 조금 쉬는 시산이 생겼을 때는 내 가정에 가장 많은 시간을 할

애하고 충실하려 노력한다. 언제나 나를 지지해주고 내 글을 응원해주는 남편의 무한한 응원과 지원을 알고 있기에, 더 고마운 마음으로 최선을 다해 신경을 쓴다. 남편도 마찬가지이다. 그가 시간적 여유가 되는 순간에는 언제나 자신이 먼저 집안일을 하려고 하고, 이왕이면 나에게 쉬거나 다른 취미를 하라며 부엌에 들어오는 것을 말린다. 우리는 서로의 상황을 존중하고 배려한다. 그게 당연히 자존심 상하는 일이 아닐뿐더러, 내가 가장 사랑하는 사람이 하고자 하는 일을 지지해주는 건 부부이기에 가능한 단단한 사랑의 모습이다.

부부라는 관계처럼 신기한 관계는 없는 것 같다. 생판 남이었던 사람 둘이 가족이 된다는 것부터가 쉽지 않은 일이다. 여느 관계에서든지 마찬가지로 그 안에서 '나'를 잃지 않도록 살아가는 게 가장 중요하다. 나를 잃지 않는다는 게, 자신이 꾸린 가정을 위해 책임을 다하는 일을 배우자에게만 맡긴다거나, 무책임하게 산다는 뜻이 아니다. 동등한 위치에서 자신이 할 일을 다 해낸다는 게, 부부가 원활하고 건강하게 살아가는 우선적인 일이다.

나는 사모님이라는 말을 안 좋아한다. 일찍이 사업을 했던 남편 덕분에 외부 모임을 가거나, 사람들을 만나면 사모님이라는 호칭을 듣곤 하는데 썩 듣기 좋은 말은 아니다. 부인이라는 자리는 남편에게 예속된 존재가 아니다. 누구의 부인이 나의 삶이 아니다. 단지 나의 삶이다. '나'라는 사람은 작가이자 한 회사의 운영자이다. 그런 삶을 누군가의 부인으로만 살고 싶은 마음은 더더욱 없기 때문에, 더욱 그 호칭이 불편한 까닭이다. 남편은 그런 나의 성격을 잘 알기 때문인 것인지 이디를 가나 나에 대한 호칭을 정정한다. 김유은 작가라고 항상 칭하고, 그렇게 소개한다. 유난히 내가 예민한 부분일지 몰라도, 그런 불편함마저 배려해주고 존중하는 게 부부의 도리라고 생각한다.

부부는 함께 빛나는 존재이다. 누구 한 명을 밟고 올라가 나만 빛나는 것은 없다. 사전에 '내조'라는 단어를 찾아보면 아내가 남편을 도움이라고 적혀있다. 안 내(內)라는 글자와 도움 조(助)라는 글자가 합해진 단어의 뜻이 왜 저렇게 변질하였는지 알 수 없다. 읽기만 해도 한숨이 나오는 뜻이다. 오늘날의 내조는 아내가 남편을 위해 희생하거나, 뒷바라지해주는 게 아니다. 부부 모두가 자신의 배우자를 위해 집 안에서 서로 조력한다는 뜻이 옳은 말이다.

배우자를 무시하거나 부려 먹으면서 그게 편하고 좋다며 스스로 느끼고 만족한다고 할지라도, 그게 과연 진정으로 건강한 부부의 모습일까. 같이 배려하고 존경하지 않으면, 결국 다른 한 명은 자신의 삶다운 삶을 잃어버리고 만다. 내 삶이 '내 삶' 같지 않을 때, 그런 생활을 유지하려고 애쓰는 사람은 거의 없을 것이다. 어떤 관계든 마무리 짓지 못하는 관계는 없다. 아무리 결혼생활의 마무리가 아프고 힘들다 하더라도, 가정 안에서 무너지는 자존감과 자존심이 더 아픈 법이다. 서로가 서로를 해하여 아프게 만드는 일이 애초에 시작되면 안 되는 이유이다.

어떤 관계라 하더라도 완전하게 멀끔한 관계는 거의 없다. 서로 모난 부분을 메꿔주고, 다듬어주면서 그 모양을 다듬어내는 과정이 그 관계의 역사가 된다. 모든 역사가 그렇듯 언제나 평화로울 수만은 없다. 소란한 시기도 있고, 전쟁 같은 시기도 있다가 평화의 시기가 찾아오기도 한다. 평화의 시기를 찾아가는 관계의 역사를 조금이라도 더 현명한 방법으로 풀어나가길 응원한다. 너무 오래되어서 이해할 수 없는 생각과 관습을 전통이라는 말로 미화하려는 사람들은 무시하면서 살아가면 된다.

 나는 남편의 삶을 최대한 존중하고, 그가 하는 일을 누구보다 믿어주고 밀어주며 살아간다. 남편 역시 내 삶을 가장 존중하고, 내가 하는 일에 있어서 본인이 할 수 있는 모든 것을 동원해 시원하며 살아간다. 나도 나를 잃지 않기 위함이고, 남편도 남편의 본모습을 잃지 않기 위함이다. 언제까지도 두 사람은 두 사람의 모양으로 걸어가는 것이지, 한 명이 자신을 잃거나 포기하고서 하나로 걸어가는 게 아님을 이제는 안다.

부부유별 夫婦有別
남편과 아내 사이의 도리는
서로 침범하지 않음에 있음을 이른다.

배터리 충전

♀

 전에는 결과에 대한 후회로 잠들지 못하는 밤이 잦았다면, 지금은 과정에 대한 아쉬움으로 사사로운 고민에 사로잡힌다. 그때 조금 더 열심히 할걸, 진통제 몇 알 더 먹는다고 문제 되는 거 아니니까 약을 더 먹고 해볼 걸 같은 생각들이 대부분이다. 당시의 나는 최선을 다했다고 늘 생각하지만, 되돌아보면 더 할 수 있었을 거라는 후회가 발목을 잡는다.

 내 정신력과 체력은 서로 박자가 맞지 않는다. 잘하진 못했어도 욕심만 많아서 내 욕심껏 공부하느라 보냈던 십 대와 이십 대에 체력을 다 당겨서 쓴 기분이다. 이십 대에는 커피 몇 잔이면 수면 부족쯤은 이길 수 있었고, 엄마 아빠가 보내줬던 한약 몇 포면 지친 체력도 괜찮아진 것처럼 느끼며 일상을 살아갈 수 있었다. 이제는 영양제를 챙겨 먹고, 몸에 좋다는 것들을 먹어도 사실 아무런 티가 나지 않는다. 운동도 더 나빠지지 않게 하기 위함이라 체력을 기른다는 느낌은 없다.

일단 기본적인 체력이 부쩍 부족해짐이 체감되면서부터, 모든 것의 중심이 원고작업으로만 흘러가게 되었다. 부끄러운 이야기지만, 내 허리를 보면 의사 선생님들도 물리치료사 선생님들도 신기해한다. 어떻게 이런 허리로 아무렇지 않은 표정으로 살아가냐고 물어본다. 한 번은 나에게 실례가 안 된다면 내 허리 엑스레이 사진을 자신의 세미나 첨부 자료로 사용해도 되냐는 제안을 받기도 했었다. 젊음과 멀어지면 멀어질수록 더 힘들어질 것이라는 걸 잘 안다. 그래서 사실은 꽤 무섭다. 나에게 시간이 있으면 일단 원고를 쓴다. 꼭 내 체력은 방전된 배터리 같아서 조금 채워졌을 때 빨리 무언가를 하지 않으면 금방 방전되고 만다.

글에 대한 애정과 글을 쓰는 동력이 비례하지 않을 때가 있다. 글에 대한 애정은 빨리 차오르는 반면, 글을 쓰는 동력이 차오르려면 꽤 긴 시간이 필요하다. 한 권의 책을 쓰고 나면 진이 빠지는 기분이 들곤 한다. 그런데도 내가 글을 좋아하고 사랑한다는 이유만으로 내 에너지가 차오를 틈을 주지 않았다. 그 탓에 결국 나는 방전된 배터리가 되어버린 것이다.

 아무리 방전된 배터리라 하더라도, 충전기를 꽂아놓으면 결국은 충전된다. 시간이 오래 걸릴 뿐이지 방전된 채로 남아있지는 않는다. 내 배터리를 충전시키기 위해서 편하게 살고자 일상을 더 다듬고 있다. 굳이 내가 안 해도 될 일은 안 하고, 안 보고 싶은 사람은 안 만나고, 먹고 싶은 것만 먹고, 좋아하는 것만 보면서 살 수 있도록 최대한으로 노력한다. 현실적인 문제에 부딪혀 내 계획과 틀어질 수는 있어도, 타인의 일정이나 의사에 끌려가지 않는다. 내가 시간을 내어주는 것이고, 내가 해주는 것이지, 의무가 될 일은 아무것도 없음을 안다.

효율적으로 살아가고 싶고, 효율적으로 살아가려고 노력하지만, 아직 그 답을 찾지 못했다. 눈에 띄게 체력은 줄어들고 있고, 책임져야 할 것들은 늘어나고, 언제나 타협점을 찾게 된다. 겁이 많아진 것인지 새로운 것은 지양하게 되고, 최대한 정해진 루틴에 맞춰서 사는 삶을 지향한다. 예상치 않았던 이벤트들이 생기는 게 너무 싫고, 일에 관련된 게 아니라면 어딘가로 이동하거나 새로운 사람들을 만나는 게 불편하고 무의미하게 느껴진다. 나의 모든 일정은 내가 사는 곳을 크게 벗어나지 않은 곳에서 해결한다.

한동안, 아니 꽤 오랜 시간 동안 천천히 나의 배터리를 채울 생각이다. 나에게 무의미한 사람들과 일들은 신경 쓰지 않으며 살아가고 있다. 아직 한참 멀었지만 느리지만 언젠가 가득 차오를 그 날을 기다리며.

멀어지는 게
약

♡

　잘못된 행동이 몸에 밴 사람을 고치는 것보다 그런 사람으로부터 나를 잘 지켜내는 게 선행되어야 할 때가 많았다. 좋은 사람들도 많지만, 생각보다 무례하고 나쁜 사람들도 너무 많은 게 유감스러운 현실이었다. 오랜 시간을 잘못된 방향을 인지하지 못하고 살아온 사람을 내가 고치는 것은 불가능에 가까운 일이었다. 그리고 굳이 내 노력과 정성을 쏟아서 고칠만한 가치가 있는 일도 아니었다. 삶에서 마주치지 않고 살아가는 것이 가장 좋은 방법이겠지만, 이상하게도 불쑥불쑥 나타나는 이상한 사람은 종종 나타난다.

성질을 살살 긁거나 기분을 상하게 하는 대놓고 무례한 사람보다 더 조심해야 할 사람은 사실 가스라이팅, 즉 심리적 지배를 하려 하는 사람이다. 너무 치밀하고, 자연스럽게 꺼내는 말은 금방이라도 세뇌당하기 쉽다. 가해자들은 자신도 모른 채 무의식에 했다며 말하지만, 그걸 당해본 사람으로서는 무의식이라는 말 또한 변명이거나 거짓말이라고 밖에 여겨지지 않는다.

 대부분이 겪어봤거나 혹은 앞으로 겪게 될지 모르는 가스라이팅은 영화 '가스등'에서처럼 거대한 사건을 기반으로 만들어진 상황에 휩싸인 것은 아니다. 지극히 일상적이고 사소한 것에서 시작한다. 아주 작은 실수를 두고 그걸 몇 배로 부풀려서 비난한다거나, 나와 가까운 사이라는 이유로 자기가 나를 제일 잘 안다는 식으로 말하거나, 나를 위해서 해주는 말이라며 잘못된 이야기를 꺼내놓는다. 가장 대표적인 예시들은 이런 문장들이다.

 "이건 다 너를 위해서 하는 말이야." "네가 너무 예민한 거야." "너 이거 그만두면 할 수 있는 게 있을 거 같니."

"너 이러는 거 정상 아니야." "조금 더 노력해봐."

평이하고 어디선가 들어봤음 직한 문장들이라서 더 소름 돋는 말들이다. 그 당시에 들었을 때는 모른 채로 넘어갔거나, 심지어 내가 반성을 했다거나, 그 사람의 말을 믿었을 수도 있다. 심리적인 지배를 받을 뻔한 것은 피해자의 잘못이 아니다. 저런 말을 서슴지 않고 꺼낸 사람의 생각과 행동이 잘못된 것이다.

가스라이팅은 생각보다 많은 곳에서 발생한다. 부모님과 자녀 사이, 부부 사이, 직장, 연인, 친구 사이에서도 자주 발생하는 일이다. 가해자인 사람들을 고칠 수도 없고, 고칠 필요도 없다. 그런 부류의 인간들을 마주하게 된다면, 나의 심리 상태를 잘 보호하도록 대처하며 살아가는 게 중요하다. 가장 기본이 되어야 할 생각은 간단하다. 타인보다는 '나'를 믿으면 된다. 나보다 나를 더 잘 아는 사람은 세상에 존재하지 않는다. 나를 위한 말이라는 소리도, 나에 대해서 이렇다 저렇다 단정 짓는 말도, 내 행동에 대해 평가하는 표현도, 논리적이지도 못한 근거를 이용해 함부로 일반화를 하는 이야기도 전부 타인의 의견일 뿐이다. 의견은 의견일 뿐 그것이 결코 사실이 될 수 없다. 너는 틀렸어 혹은 너는 잘못됐어 라고 말하는 그들의 말처럼 나도 똑같이 부정하면 된다. '너도 나에 대해 그렇게 평가하고 말하는 게 틀렸고 잘못됐어.' 언제나 타인의 잘못된 말에 대해 부정할 수 있는 준비를 해두어야 한다.

혹시라도 내가 가해자가 되지 않도록 언제나 언행에 신경 쓰고 타인의 입장을 생각하고 입을 연다. 또 반대로 언제라도 내가 가스라이팅의 피해자가 될 수 있음을 인정하며 단호히 생각하려 노력한다. 함부로 타인의 심리를 건드리는 말을 하는 사람과는 사실 멀어지는 게 답이다. 과감히 멀어지지 못하게 만드는 게, 이 사람과 계속 잘 지내고 싶은 마음 때문일 것이다. 그럴 필요가 전혀 없는데도 말이다. 그런 사람이 곁에 없어도 삶은 풍요로울 것이며, 나를 좋아하고 함께할 사람들은 언제든지 나타날 거라는 사실을 인지할 필요가 있다.

삶에서 오히려 악영향을 끼치는 사람과는 멀어지는 게

약이다. 그런 사람의 눈 밖에 날까 봐 연연할 것 없다. 관계의 단절이나 단호한 무시는 불필요한 사람과의 관계에서 나를 지키는 하나의 보호막이 되기도 한다. 호락호락하지 않는 세상에서 당신이 덜 다치면서 살아갔으면 좋겠다. 미리 피할 수 없다면, 최선을 다해 무시하고, 마땅히 경멸할 것에 대해서는 경멸하고, 버릴 것은 잘 버리면서.

관계의 단절, 단호한 무시.

불필요한 사람과의 관계에서
나를 지키는 하나의 보호막이 되기도 한다.

어
른
의

말

♡

  이뤄내는 것은 어렵고, 비판하는 것은 너무나도 쉽다. 쉬워서 그런 것인지, 아니면 천성이 비판하는 것에 더 특화되어있는 것인지, 남의 성과에 대해서 이러쿵저러쿵 비판하길 좋아하는 사람들이 있다. 작은 무언가라고 해도 그것을 완성해내기까지 당사자가 감내해야 할 힘듦과 공들인 시간에 대해서 남들은 감히 알 수 없다. 그렇기에 우리들은 누군가의 인생의 모습에 대해서 쉽게 평가하지 않고, 타인의 선택에 대해서 존중하려고 하는 것이다.

조금 더 살아봤다고 해서 삶의 정답을 알 수는 없었다. 그렇기에 언제나 동생들이나 후배들을 만나면 고민하는 삶에 대해서 내 관점으로만 말하지 않도록 노력했었다. 알아서 잘 살아가고 있는 이에게 내 충고 같은 것은 소음이 될 뿐이라는 걸 알기 때문이었다. 그렇게 많은 나이가 아닌 나도 알고 있는 사실을 미처 깨닫지 못하고 살아가는 사람을 만난 적이 있었다. 어이없을 정도로 다짜고짜 큰 목소리로 이야기가 시작됐다. 자신의 자녀들은 다 결혼하고 각자 가정을 꾸린 상태라고 했으니, 꽤 나이가 있는 사람이었다. 뜬금없이 요즘 젊은 애들의 생각이 잘못되었다며 말했다. 명문대만 가려고 하고, 대기업만 취업하려고 하니, 로봇 같은 애들만 있지 정작 똑똑한 애들은 없다고 주장했다.

빌 게이츠, 마크 저커버그, 스티브 잡스 같은 사람들을 나열하며 똑똑한 사람들은 다 대학을 중퇴한다면서, 그녀만의 장황한 논리가 시작되었다. 우리나라 서울대생들이며 교수들은 멍청하고 실력이 없다 말했다. 그러니 대학 나온 애들이 쓸모없고 바보라는 말을 이어갔다. 나는 실례가 되는 질문인 줄 알면서도, 그녀에게 '실례지만 선생님께서 서울대를 잘 알고 계신 것 같아서요. 혹시 모교이신가요?' 라고 물었다. 대한민국의 모든 명문대라 불리는 학교를 재학하는 사람들을 다 비판하고 한심하다며 말하길래 당연히 그런 줄 알았지만, 반전으로 그녀는 전혀 아니었고 공부와는 거리가 있었다. 누구나 알 법한 상식은 모르면서, 어디서 주워들은 대학교에 대한 이야기로 비판하는 게 낙인 사람이었다. 자기 이야기를 묻자 그제야 부끄러운지 말을 얼버무렸다. 인정해줄 것을 인정해주지 못하고, 질투심인지 아둔함인지 모를 말만 꺼내는 사람이었을 뿐이었다.

그녀는 요즘 시대를 살아가는 청년들이 얼마나 힘들고 치열하게 살아가는지 모를 것이다. 대학을 가기 위해 학창 시절 동안 누구보다 열심히 살아낸다. 잠자는 시간도 아끼고, 놀고 싶은 시간은 없애고, 쉬고 싶은 시간도 참아내며 생에 첫 목표를 향해 절실히 뛰어가는 이들이다. 남들 잘 시간에 공부하고, 또래들이 게임하고 놀 시간에 문제집을 풀면서 살아가는 이들에게 왜 그런 말을 하는 것인지 이해할 수가 없었다. 이유 있는 비판이 아닌 오직 자신의 생각에 치우친 주장은 눈살이 찌푸려지게 했다. 허무맹랑한 논리로 비판하고 평가할 게 아니라, 그들이 했을 노력에 대해서 인정해주고 대단함을 인정하는 게 어른이 아닐까 싶었다.

 가끔 이런 말을 하는 어른들을 본 적이 있다. '비싼 돈 주고 대학교 졸업해봤자 얼마밖에 못 번다더라.' 최선을 다해 살아가고 있는 젊은 세대들을 바보처럼 만들어버리는 그 말을 좋아할 수가 없다. 물가는 올라가고, 집값은 말도 안 될 정도로 치솟고, 그에 비해 월급은 비례해서 올라주질 않을 뿐이다. 그게 지금을 살아가는 어린 세대들의 잘못은 아니다. 고작 얼마라고 자신들이 평가절하해서 말하는 그 연봉을 받기 위해서 상상할 수 없는 노력을 했는지 안다면, 그 말을 하지 않았을 것이다. 정말로 자신이 그런 삶을 살아보고 나서 회상하듯이 아쉬움을 토로하는 것이 아니라면, 그 안에 들어가 보지도 못하고 바깥에서 구경만 한 채로 떠드는 행위는 유치한 일이다. 저마다 자신의 삶에 충실히 살고자 최선을 다했을 삶에 대해서 멋대로 평가하지 않는 건 기본 상식 같은 행동이다.

살아보지 않은 삶을 함부로 말하지 않는 것은 타인의 삶에 대한 예의이다. 대부분의 사람들이 다 예의를 지키며 살아갈 때, 때때로 기본적인 예의를 놓치는 이들을 만날 수 있다. 그런 사람을 만났다면 귀를 닫아도 괜찮다. 자신이 모든 것을 다 아는 척, 지혜로운 척하는 말은 귀담을 필요가 없다. 평가하길 좋아하고 비판하길 좋아하면서, 정작 자기 삶에 당당하지 못한 사람은 어디를 가나 존재한다. 그들이 행여라도 당신에게 작은 흠집이라도 내지 못하게 미리 준비했으면 좋겠다. 아무런 가치 없는 비판에 마음을 다쳐서는 안 된다. 잘 알지도 못하고, 그 삶을 살아본 사람이 아닌 누군가가 쉽게 생각하고 섣불리 꺼낸 말은 아무런 무게가 실리지 않는 법이다.

진짜 어른은 삶을 더 살아본 선배라는 뜻이다. 지금이라는 시간을 살아가는 사람에게 말도 안 되는 형편없는 비판부터 내던지지 않는다. 나보다 더 많이 아느냐, 학식이 높은지가 중요한 게 아니라, 정말로 인생 선배다운 사람인지부터 판단할 줄 알아야 한다. 선배라는 글자에서 선(先)은 먼저, 앞이라는 뜻을 지니고 있다. 앞에서 먼저 살아본 사람이라면 나의 뒤에서 따라오고 있는 후배가 행여나 넘어질까, 툭툭 털어도 될 일에 좌절하지는 않을까 걱정하는 게 정상적인 모습이다. 어른다운 어른의 말만, 그리고 인생 선배다운 선배의 말만 들어도 충분하다. 아무렇게나 지껄이는 말로 혼탁해지기에는 우리의 삶은 바쁘고 치열하다.

뿌리 깊은 삶

♡

 모든 일이 다 계획처럼 이루어졌으면 얼마나 좋을까. 아무리 노력했어도 실수 한 번에 미끄러지기도 하고, 서둘러 뛰어갔어도 조급함 때문에 넘어지기도 한다. 다 잘 해낼 수 없다는 걸 알면서도, 자책하고 슬퍼하게 된다. 뜻대로 되지 않은 결과에 자존감이 무너졌을 수도 있다. 넘어져 보고 밑바닥인 줄 알았는데 다시 그곳에서 무너져 지하로도 들어가 보면서 느낀 게 있다면, 한 가지였다. 암흑 같은 시간을 견뎌내고 있는 사람에게는 섣부른 위로나 충고가 오히려 독이 될 수 있다는 것이었다.

 타인은 알 수 없고 당사자만이 알고 있는 치열한 노력

의 시간과 가능성에 대해 저울질하는 불안함에 잠식당하는 어두운 밤들이 있다. 누구보다 내 인생을 잘 꾸려나가고 싶고, 보란 듯이 잘 살아내고 싶은 마음이 가장 큰 사람은 자기 자신이다. 그런데도 남의 삶에 대해서 조언해주기를 좋아하는 몇몇 사람들이 있다. 차라리 이렇게 하지 그랬니. 나라면 걱정할 시간에 노력했었겠다. 더 알아보고 계획하고 하지 그랬니. 그런 말을 들을 때면 말로 형용할 수 없는 좌절감과 속상함이 치밀어 오른다. 잘 살아 보고 싶고, 잘해보고 싶어서 노력했던 시간을 통째로 무시하는 말에 노력한 모든 시간이 부정당하는 기분이었다.

고민으로 얼룩진 시간, 작은 실패에 좌절해서 잠시 멈춰 있던 시간, 다시 목표를 위해 걸어가는 시간, 어느 것 하나도 의미 없는 순간은 존재하지 않는다. 존재했던 모든 시간들이 다 모여서 결국은 근사한 결실이 맺어지곤 한다. 고난이 있던 시간들, 좌절했던 날들이 거름이 되어 비옥한 땅을 만들어낸다. 뿌리는 더 단단히 자리를 잡아가고, 가지들은 강인하게 뻗어 나간다. 그리고 마침내 열매가 열리게 된다. 열매가 완연하게 익는 시기가 다를 뿐이지 열리지 못하는 열매는 없다.

 열매를 맺기 위해서 이미 있는 힘껏 노력하고 있는 사람에게 '힘내'라는 말이 가끔 잔인하게 느껴질까 봐 입을 다문다. 감히 내가 다 알 수 없는 힘듦을 이겨내고 있을 것 같아서, 그걸 몇 마디의 말로 쉽게 표현하려 하지 않는다. 그저 좋아하던 음식을 같이 먹으러 가거나, 시시콜콜한 이야기들로 잠시나마 긴장을 풀어줄 시간을 선물하거나, 잘 걸어가는 걸음을 담담하게 먼발치에서 응원한다.

 가볍지 않은 하루를 보내고 있을 당신에게 힘내라는 말을 하지는 않겠다. 더는 낼 수 있는 힘이 없을 만큼 최선을 다해 버텨내고 있을 것이다. 응당 행복해질 당신임을 의심하지는 않았으면 좋겠다. 모든 불안함과 부정적인 의심을 극복할 한 가지는 당신이 만들어낼 열매에 대한 확신이다. 언제가 될 것인지 시기에 연연하지 말고, 주변 사람들의 열매의 모습에 시선을 뺏기지도 말고, 그저 해왔던 것처럼 오늘을 그리고 내일을 살아가면 된다.

수월하기만 한 삶이 아니어도, 살아볼 만한 삶이다. 자신을 재촉하기보다는 믿고 응원해주면 충분하다. 머릿속에 둥둥 떠다니는 자신을 다그치는 생각들을 걸러내야 한다. 오롯이 '나'의 삶의 뿌리가 더 단단히 내려가도록.

고난이 있던 시간들, 좌절했던 날들이 거름이 되어 비옥한 땅을 만들어 낸다. 뿌리는 더 단단히 자리를 잡아가고, 가지들은 강인하게 뻗어 나간다. 그리고 마침내 열매가 열리게 된다. 열매가 완연하게 익는 시기가 다를 뿐이지 열리지 못하는 열매는 없다.

'우리 정서'

♡

 남자로 살아가기도 어렵겠지만, 여자로 사는 것 또한 만만치 않은 일이다. '나'라는 키워드에서 여자의 삶을 그냥 넘어갈 수는 없다. 나는 여자인 데다가, 기혼자이다. 유교사상이 뿌리 깊었던 우리나라에서 나를 잃지 않으면서 살아가기 위해 끊임없이 사유한다. 남이 무심코 하는 말들이 나에게는 꽤 놀라움이었고 상처였다. 원고작업을 집에서 하는 경우가 많다는 이유로 나를 집에서 논다고 생각하는 사람도 있었고, 그냥 전업주부가 아니냐며 후려치기 당하는 경우도 있었다. 한창 일에 빠져있을 당시에, 짧으면 5개월 만에 새 책이 출간되었다. 그 말은 3개월밖에 안 되는 시간 동안 한 권의 분량의 원고를 작업했다는 뜻이다. 그때는 새벽에 일어나 다시 새벽에 잠들 만큼 바쁘게 글을 써 내려갔었다. 내가 좋아하는 일로 밥벌이를 할 수 있다는 사실이 감사했기에 기쁜 마음으로 글을 쉴 새 없이 썼지만, 몸은 정말 힘들었다. 그렇게 치열하게 살아가고 있는 상황에서 '집에서 논다'라는 표현이 소름 돋을 정도로 불쾌하게 다가왔다. 퇴근도 없고, 하루 전체가 업무시간인 나에게 밥은 해 먹냐며 물어보는 아줌마들도 싫었다. 배달 음식에 의존하고, 남편이 끓여준 라면으로 끼니를 때울 때가 더 많았다. 그때는 뭐가 그리도 눈치가 보여서 해 먹는다며 둘러댔는지 모르겠다. 아마 아무리 맞벌이여도 여자는 이래야 한다는 잘못된 생각을 은연중에 갖고 있었기 때문이었을 것이다.

모든 사람이 그런 것은 아니지만, 소수의 사람은 여자가 결혼하면 다양한 방면에서 색안경을 끼는지 잘 모르겠다. 며느리는 당연히 시가에 가면 설거지며 부엌일을 해야 하고, 사위는 처가에 가면 편하게 손님 대접만 받고 오는 게 정답인 양 생각하는 사람들이 여전히 존재한다. 그런 무지

한 사고가 나에게는 큰 실망감이었다. 남편에게 고마운 점이 참 많은데, 그 와중에서도 굳이 꼽아보라고 한다면 남편은 보통의 사람들보다 훨씬 더 깨어있는 사람이다. 여자인 당사자가 느낄 수 있는 예민하고 사소한 불쾌한 포인트들을 잘 찾아내고, 공감하고, 그걸 해결하고자 하는 사람이다. 그 덕분에 나도 더 깨어있는 채로 살아갈 수 있었고, 불편한 주제 같은 것들로 남편과 다툴 일도 없었다. 내가 제안하는 것들, 그리고 불편함을 말하는 것들에 대해서 단 한 번도 부정히지 않았나. 심지어 아직 일어나지 않을 일을 가지고도 먼저 염려하고 대비하는 말을 해도 남편은 언제나 내 편이다. 내 삶과 나의 집필을 항상 우선으로 생각하고 배려하는 그의 노력 덕분에 오늘까지도 쉼 없이 실컷 일할 수 있는 내가 있다는 걸 잘 안다.

젊은 세대에서도 비혼은 꽤 큰 이슈이자 화두이듯이, 50대 60대 어른들 사이에서도 비혼은 종종 나오는 주제거리이다. 나는 듣기 싫어하는 말이지만, '여자가 돈 잘 벌고 능력 있으면 차라리 혼자 사는 게 나아.' 같은 말들을 자주 들어봤다. 왜 앞에 '돈 잘 벌고 능력 있으면'이라는 수식어를 붙이는 걸까. 저 말을 반대로 하면 돈을 잘 못 벌고 능력이 없는 여자들만 결혼한 것처럼 여기는 듯한 말이다. 세상에 돈을 잘 벌고, 능력 있는 여자들은 넘쳐난다. 그들에게 결혼은 말 그대로 '선택'일 뿐이다. 그렇기에 사람들이 말하는 돈 잘 벌고 능력 있는 여자들 가운데에 기혼자와 미혼자자 섞여 있는 것이다.

사실 나는 비혼을 주장하는 사람들을 아주 존중한다. 주변에 보면 최악의 남편, 막장 드라마에 나오는 아내, 사랑과 전쟁 프로그램에나 나올 듯한 시가나 처가, 듣기만 해도 한숨이 나오는 결혼 생활이 많다. 주변에도 파혼이며 이혼을 한 지인들이 있으니, 결혼에 대한 적나라한 모습은 못지않게 잘 알고 있다. 아마 나도 그런 상황이었으면 지금쯤 이혼에 대한 에세이를 쓰고 있었을 테고, 비혼에 대해 목소리 높여 절대 결혼의 문턱을 넘지 말라고 말했을 것이다. 그러나 비혼만 옳고, 결혼은 나쁘다고 하지 않는 이유는 저런 부정적인 케이스가 전부가 아니기 때문이다.

결혼이 인생에서 전환점이 되는 게 아니라, 살아가면서

겪는 소중한 이벤트 중의 하나가 되는 사람이 더 많다. 결혼 전과 후를 따질 게 아니라, 그저 결혼했을 뿐 변함없이 자기 삶을 계속해서 구체적으로 그려가면서 만들곤 한다. 각자가 알아서 가정의 규칙을 정하고, 그 안에서 더 잘 살아갈 수 있는 방향을 위해 고심하는 부부가 더 많다. TV 프로에서는 자극적인 극단의 부부관계를 종종 조명하고, 며느리라는 이유로 오랜 시간 억압되었던 우리 어머니 세대들의 삶이 지금까지도 이어진 것처럼 보여주지만, 지금을 살아가는 우리는 그것을 고치고, 고쳐지지 않는 제도나 불합리성은 깨트리며 나아갈 의지를 갖고 있다.

미혼의 여성에게 결혼해라, 남자를 만나라 같은 말도 정말 불쾌하고 잘못된 발언이다. 그리고 그만큼이나 기혼자인 여자들에 대한 편협한 언행과 판단 또한 마찬가지이다. 남의 결혼이 행복해 보인다고 해서 결혼을 해야 하는 것이 아니듯, 누군가의 결혼이 불행했다고 해서 그게 나의 결혼 생활이 불행한 것은 아니고, 모든 부부들이 결혼으로 인해 고통받는 것도 아니다. 대부분의 부부들은 서로를 존중하면서 우리 세대만의 결혼생활을 만들어가고 있다.

인상 깊게 봤던 드라마가 있다. '이번 생은 처음이라'는 드라마였다. 특히 마지막 화의 이야기가 오래 기억에 남는다. 서로의 마음을 깨닫고 결혼한 부부는 결혼 후 처음으로 명절을 맞는다. 남자는 여자에게 부부가 양가에 찾아가는 것을 하지 말자고 제안한다. '한국 정서보다 중요한 게 우리 정서며, 서로에게 미안한 노동은 그만두자.'라고 말한다. 여자와 남자는 명절날 각자 자신의 본가에 찾아간다. 그러자 시어머니가 여자에게 전화를 걸어 서운하다고 토로하며 눈물을 쏟았고, 여자의 아빠는 명절날 상을 엎었다. 소란스러웠지만, 미안한 노동을 그만두기로 한 부부의 마음은 그제야 괜찮아졌다. 마침내 그들이 편안해지고 행복할 자신들의 정서를 찾은 것이다.

사실 다들 변화하면서 각자 부부가 만든 '우리 정서'를 존중하며 살아간다. 자신의 정체성을 잃지 않게끔 끊임없이 생각하고 불편함을 표현하고, 바꿔가며 부부라는 공동체를 만들어간다. '나'라는 사람이 기혼자라는 이유로, 아내라는 이유로, 며느리라는 이유로 불편한 말이나 일에 휩싸이지 않도록 더 예리하게 생각하고, 단호하게 판단하며 살아간다.

  나는 잘 살아가고 있는 것일까. 종종 생각한다. 오롯이 살아가는 나의 삶에서 내 본연의 모습이 희석되지 않게 언제나 나를 돌본다. 내가 단단히 잘 서 있어야 하고 또 남편은 남편대로 잘 서 있어야 우리가 더 견고해짐을 안다. 한 번도 책 안에 남편을 향해 직접적으로 메시지를 써 본 적은 없지만, 처음으로 써본다.

  내가 나답게 잘 살아갈 수 있도복 같이 고민하고, 대신 화내주기도 하고, 단단하게 나를 지지해주는 사랑하는 남편이자 언제나 나의 편에게 고마움을 전한다.

더 잘 살아내고 싶은 마음

♡

 어쩌면 사람은 평생을 공부하면서 살아가는 것일지도 모른다. 살아감에 대해 날마다 공부하게 된다. 삶을 각자 자기만의 방식대로 살아가는 법을 터득한다. 어떤 모양을 만들어갈 것인지, 혹은 가야 할 방향을 어느 곳으로 정해야 할지, 언제나 고민과 선택의 연속이다. 그 과정 속에서 조금씩 자라나는 나를 느낄 수 있다.

 잘 성장하며 가꿔나가고 싶은 마음에서 매일 덜어내고 채워내는 일련의 과정을 반복한다. 불필요한 욕심이나 마음 따위는 비워내고, 빈 여백의 공간에 살아감에 필요한 무언가를 채워 넣는다. 어느 날에는 지난 기억을 회상하며 그때는 이해하지 못했던 일을 지금 생각해보니 그럴 수 있겠다며 이해하기도 하고, 어떤 날에는 누군가를 포용할 수 있는 이해심이 늘어나고, 다른 날에는 단호해져도 좋을 것들에 대한 마음을 정리하기도 한다.

배움은 끝이 없다고 그랬다. 아마 맞는 말인 것 같다. 여전히 모르는 것이 더 많고, 새로움이 계속 생겨나는 시대이다. 많은 것을 읽고, 보고, 다시 받아들일 것과 정제할 것을 결정하고, 머리에 담아둘 것과 마음에 보관할 것을 분류해서 조신히 넣어놓는다. 현명하게 더 잘 살아내고 싶은 마음으로.

"우리가 가끔 무기력해져도,
더 잘 살아내고 싶은 마음만은 같지 않을까."

"고민하던 밤도, 걱정의 한숨도, 모두 잘하고 있다는 뜻일 테니."
살아감에 있어서 애틋하도록 최선을 다하고 있는 당신이니까.

김 유 은 『애쓰고 있다는 걸 알아』 中에서

「2부」

'인간관계'에 관하여

영원한 사람도,
영원한 사이도 없다는 걸,
이제야 조금은 알 것 같아.

「2부」

'인간관계'에 관하여

영원한 사람도,
영원한 사이도 없다는 걸,
이제야 조금은 알 것 같아.

지금 이 순간 행복하기 위해서

♡

 한평생 엮이지 않을 것만 같았던 사람과 느닷없이 친해지기도 하고, 할머니가 될 때까지 우리는 영원한 친구라고 생각했던 사람과 멀어지기도 하면서 그렇게 시간은 흐른다. 새로운 만남이 가져다주는 설렘에도 그다지 큰 감정의 변화를 느끼지 못하고, 꽤 깊었던 인연과의 마무리에도 그럴 수 있다며 넘어가게 된다. 그런 덤덤함을 가졌다는 건 그만큼 많은 일을 겪어냈다는 뜻이다.

 인연이 무엇인지 묻는다면 답할 수는 있어도, 그 인연이 내 곁에서 언제까지 남아있을지는 누구도 장담할 수 없다. 어떤 인연이라 하더라도 끊어질 수 있고, 또 끊어낼 수도 있다. 사소한 감정에 휘둘리지 않으며, 좋았던 추억에 붙잡힐 필요도 없다는 것을 잘 알기 때문이다. 긍정적인 영향을 주는 관계로 함께하는 인연에게 고마움으로, 불편한 관계로 변질된 인연에게는 아쉽지만 단호한 멀어짐으로 대처한다. 굳이 복잡한 사념에 사로잡히지 않도록 이런 생각을 하게 된다. 그럴 인연이었나보다고. 가까워지고 멀어짐에 있어서 구체적이고 복잡한 인과를 찾기보다는 차라리 단순하게 생각한다. 누군가를 탓하거나, 상상을 통해서 이랬다면 달라졌을지 모르겠다는 피곤한 생각은 그만둔다.

절대 그러지 않을 사람이 나를 비웃기라도 하듯이 그런 행동을 서슴없이 하고, 이 사람은 내 사람이라 확신했던 사람이 누구보다 과감하게 내 등 뒤에 비수를 꽂기도 한다. 사람들을 만나고, 상처받고, 후회하며 성장한다. 결국 삶에서 나를 제외한 사람은 머물다 가는 존재일 뿐이라는 것을 자연스럽게 받아들이게 된다. 내가 챙기고 이해해야 한다고 생각했던 영역이 너무 넓었던 것 같아서, 다시금 나를 기준으로 하는 좁은 영역으로 다잡는다. 나와 닮은 사람, 나를 이해해주는 사람, 나와 영원히 함께할 것 같은 사람, 이런 말들은 단순히 수식어일 뿐이라는 걸 인정한다. 언제나 좋은 관계로 남아있을 것이라는 확신은 지워둔다.

 타인을 대할 때 막연히 잘 지낼 거라는 생각은 접어둔다. 주는 만큼 받을 거라는 생각도 하지 않고, 함께하며 생겨나는 즐거움이 일회성일 수도 있다는 것을 인정하며 같이 보내는 시간 동안 행복할 수 있도록 노력한다. 언제라도 우리라는 단어를 사용하지 못할 때가 올 수 있음을 잊지 않는다. 무슨 관계라 하더라도 그것의 끝이 올 수 있다는 사실을 받아들이면, 상대의 배신이나 잘못된 행동에 덜 아파할 수 있다. 함께한 시간이나 기억에 미련 두지 않는 일에 수월해진다.

 사람과 사람이 만나서 만들어내는 관계는 스티커를 닮았다. 이 사람에 대한 기대감, 영원히 좋은 사람일 거라는 희망감, 함께 만들어낸 추억에 대한 애틋함 때문에 마음에 붙여놓은 스티커를 몇 번이고 꾹꾹 누르게 된다. 절대 떨어지지 말라고. 언제까지고 나에게 특별한 존재로 이렇게 남아있어 달라고. 그러다 어느 날 내 인연이라 생각한 사람이 자기 두 손으로 이 스티커를 떼어내려고 한다. 떨어지지 말라고 잘 눌러놓은 스티커를 손톱으로 긁어서라도 기어이 떼어놓고 가버린다. 이제 더는 마음에 붙여진 스티커는 없고, 그것의 자국만 덩그러니 남아있게 된다. 당연히 뗄 필요가 없을 거란 생각에 꼼꼼히 붙여놓으려 했던 만큼 스티커 자국만 더 짙게 남아있을 뿐이다.

스티커 자국이 여러 군데 생기고 나서야, 함부로 영원할 거라는 생각을 하지 않는다. 오래 남아있어 달라며 억지로 붙잡지도 않고, 건강하고 긍정적인 관계가 아니라면 떼어냄에 주저하지 않는다. 조금은 헐겁게 붙여놔도 괜찮다는 걸 깨닫는다. 아무리 힘주어 붙여도 떨어질 것은 떨어지고, 조금은 가볍게 붙여도 붙어있을 것은 계속 머물러 있다는 것을 알았기 때문이다.

그저 그런 관계도 있고, 꽤 소중한 관계도 있다. 다양한 모양과 결집력이 있는 관계들에 대해서 크게 연연하지 않는다. 조금은 힘을 빼고 인간관계를 만들며 지낸다. 세상이 계속 변해가듯, 어쩌면 내 주변의 사람들이 변화하는 것은 당연한 일이 아닐까 생각한다. 아쉬움은 아쉬움으로, 그리움은 그리움으로 남겨둔다. 어떤 이와 멀어진다고 하여도, 전에 같이 보낸 시간과 추억들을 아까워하지 않는다. 그때는 좋았고, 지금은 아니라는 건 변하지 않는 사실이다. 매일 조금씩 더 담담해지고 의미 없는 사람을 잘 비워내며 살아간다. 지금 이 순간 행복하기 위해서.

아쉬움은 아쉬움으로, 그리움은 그리움으로 남겨둔다.
같이 보낸 시간과 추억들을 아까워하지 않는다.
그때는 좋았고, 지금은 아니라는 건 변하지 않는 사실이기에.

약간의 거리

♡

올이 나가버린 관계는 위태롭다. 아무리 촘촘했다 하더라도, 한 번 풀려버리면 금방 커다란 구멍을 만들고야 만다. 매듭짓지 못한 채 계속 풀려나가 엉망이 되어버린 관계를 보게 된다.

소중한 사람과 안정감 있게 나아가려면 약간의 거리를 둔다. 조심할 수 있도록 살짝 떨어져 함께 걸어간다. 오랜 시간 건강한 관계로 같이 행복하고 싶은 마음으로 여백을 남겨놓는다. 서로에게 느끼는 다정함과 고마움으로 가득 채워지도록.

행복해짐에 게으르지 않기를

♡

 그렇고 그런 어른이 된 기분이 들 때가 있다. 마음에 사랑이 가득하고, 언제나 상냥하며, 다정한 생각만 하는 그런 어른이 되고 싶다고 바랐던 예전의 마음이 무색해질 때가 많다. 누군가 먼저 말을 걸어오거나 친근하게 대하면, 왜 나에게 이렇게 잘해주려고 하는 것인지 경계부터 한다. 나에게 접근하려는 의도가 있을까 봐 걱정부터 하게 된다.

 관계가 삶의 목적인지 혹은 수단인지 고민했었다. 한때는 사람들과 좋은 관계를 맺으며 살아가는 게 목적이라 생각한 적이 있었다. 내가 좋은 사람이 되면 좋은 사람이

온다는 말을 믿었고, 내 주변 사람들을 믿었다. 그들로 인해 내가 상처받는 일은 없을 거라 자만했었다. 나와 마음이 잘 맞는다고 느껴지던 친구들이 있었고, 언제나 그들과 보내는 시간으로 꽉 찬 날들이 있었다. 열심히 살고 더 성공하면 내 사람들과 더 재밌게 살 수 있을 거라는 기분 좋은 상상을 하곤 했었다. 세상을 잘 몰랐고, 사람들에게 덜 당해봤고, 모든 사람에게 좋은 사람으로만 살면 결국 나만 바보가 된다는 걸 몰랐기 때문이다. 내가 좋은 사람이 되면, 좋은 사람이 오는 게 아니라 나의 무언가를 이용하려 하는 사람이 더 몰려들었다. 잘해주면 그게 자신의 권리라 착각하고, 한 번 못 해주면 서운해하기 일쑤였다. 관계는 내 목적이 될 수 없었다. 단지 수단일 뿐이었다.

모든 사람과 좋은 관계를 유지하며 산다는 건 너무 어려운 목적이고, 나를 피곤하게만 만드는 목적이 될지 모른다. 평생을 함께 살아갈 소수의 사람에게만 한정한다면 모를까 굳이 진짜 나를 위해주는 게 아닌 사람들까지 챙기며 살아갈 필요는 없었다.

삶의 목적은 언제나 '나의 행복'이 되어야 살아감의 방향이 흐트러지지 않는 법이다. 삶을 조금 더 정서적으로 풍요롭게 만들어주는 것은 내가 사랑하는 사람들의 응원과 애정이다. 좋은 관계는 목적이 아니라 좋은 삶을 위한 수단으로 생각하고 지내도 괜찮다. 날마다 열심히 살아가는 이유는 조금 더 부지런히 행복해지기 위함이다. 빼곡히 행복해질 수 있도록, 의미 있는 것들만 곁에 두고 살아가면 된다. 남을 위한 삶은 없다. 오직 자기 자신을 위한 삶만 있을 뿐이다.

'나'를 위해

♡

"똑같이 행동하면 결국 너도 똑같은 사람이 되는 거야. 한 번 참아주고 이해해주는 게 더 성숙한 거야."

이런 말을 어렸을 때 들었던 것 같다. 흘려들었어도 될 말인데, 왜 그리도 잘 지키며 살았는지 모르겠다. 어른들의 말을 잘 듣는 어린이였던 나는 커서도 어린 시절에 배웠던 것들을 잘 지키며 살아가는 어른이 되어있었다. 나쁜 사람을 만나도, 무례한 사람을 만나도, 이상한 사람을 만나도 그들처럼 행동하면서 대응하려고 하지 않았었다. 똑같은 사람이 되면 안 된다는 생각이 언제나 자리 잡고 있었다.

구태여 상대의 잘못됨을 꼬집지 않고, 맞대응하지 않았다. 다 큰 성인이라면 자기 행동을 되돌아볼 줄 알 거라는 기대를 했기 때문이었다. 그건 내 착각일 뿐이었다. 그냥 넘어가 줬을 거라는 사실 자체를 인지하지 못했고, 본인이 무슨 말을 했고 어떤 행동을 했는지조차 전혀 모르는 경우가 허다했다. 신기할 정도로 자신은 아무런 잘못을 하지 않았다고 생각하거나, 본인의 행동거지를 되돌아볼 줄 모르는 사람들이 더 많았다.

대체 왜 자기 잘못에 대해서 인지하지 못하는 것인지는 지금까지도 이해되지 않고 굳이 알고 싶지도 않은 문제지만, 중요한 것은 그런 사람들을 대하는 태도에 있어서 커다란 변화가 생기게 되었다. 똑같이 행동하고 말해줘야 그들은 인지하곤 했었다. 똑같이 행동했다고 해서 똑같은 사람이 되는 것은 아니었다. 가만히 있는 사람에게 무례한 행동을 하는 것과 무례함을 당한 불쾌함으로 단호하게 그것을 지적하는 것은 절대 동일한 행동이 아니다.

나만 힘들게 참지 않는다. 무례한 말을 듣거나 행동을

당하면 입을 닫고 넘어가지 않는다. 본인이 무엇을 얼마나 잘못했는지 알려준다. 그 모습을 똑같이 보여줘서라도 무지함을 알려주려 노력했다. 그러자 변화가 생겼다. 신기하게도 그제야 나를 조심하기 시작했다. 자신들의 잘못을 알아서인지, 아니면 그런 척을 하는 것인지는 모르겠다. 내일에 대해서 사사건건 참견하려는 선배의 입이 조용해졌고, 비아냥거리는 게 특기였던 동료 작가의 언행도 잠잠해졌다. 상대가 어떤 생각으로 그런 변화된 행동을 시작했는지는 나에게 아무런 상관이 없었다. 일단 나의 삶이 조금이나마 평온해졌다면 그걸로 충분했다.

 누군가는 나를 보면 변했다고 말을 할지도 모른다. 단호한 표현 한 번 제대로 하지 못하고, 착한 사람, 성격 좋은 사람이라 불리며 만만한 상대로만 살아왔었으니까. 이제는 싫은 소리도 꺼내고, 나를 건드리는 것에 대해서는 과감하게 지적도 하면서 살고 있다. 나는 변했다. 이게 긍정적인 변화인지 부정적인 변화인지 복잡하게 생각하지 않기로 했다. 그 전의 나는 바보 같았고, 언제나 뒤에서 혼자만 참다가 속상하고 애끓던 일이 더 많았다. 지금은 한결 마음이 가볍다.

 예전에는 괜찮았던 것들이 지금은 괜찮지 않다. 아니, 사실 그때도 괜찮지 않았지만 괜찮은 척 넘어갔던 것을 이제는 넘어가지 않는다는 것이 맞는 표현일 것이다. 괜찮지 않은 것들에 대해서 관대하게 넘어가려고 하지 않는다. 아닌 것은 아니고, 잘못된 것은 잘못된 것이다. 그것을 괜히 이런저런 이유를 덧붙여 이해하려고 하거나, 눈감아주려고 하지 않는다. 냉정해지기도 어렵고, 까다로운 사람이 되는 것도 힘들었다. 하지만 만만한 사람으로 살아가는 게 이것보다 더 속상하고 힘든 일이었다. 차라리 나를 변화시키기 위해 용기를 냈었다. 심장 두근거림이 줄었고, 문득 불쾌했던 순간이 떠올라 화가 나는 현상이 줄었다. 그것이면 충분했다. 내 삶의 질이 상승하는 게 느껴질 만큼 괜찮은 변화였다.

 도의적인 가치관은 변화하지 않은 채, 선한 사람으로 살아가려 언제나 노력한다. 대신 상황에 따른 가치관은 최대한 나를 보호할 수 있는 방향으로 변화하며 살아간다. 자신만 편하게 살아가는 게 익숙한 사람들이 주변에 많아봤자, 내가 살아갈 공간은 아무도 만들어주지 않는다. 처음에는 착하다며 고마워하다가 결국은 무시하기 일쑤이다. 나의 삶 속의 내 공간은 내가 만들고 지켜내야 하는 일이다.

화내는 게 익숙하다거나, 비아냥거리는 것처럼 뼈있는 말로 속을 헤집어 놓는 사람들은 자신으로 인해 주변 사람들이 불편하다는 것을 인지하지 못하는 것 같다. 아무리 그 행동에 대한 불편함을 호소해도 다양한 핑계를 만들어내며 자신의 행실을 정당화하려 하고, 이 정도는 아무것도 아니라고 착각하고 있는 경우가 많다. 헛소리 같은 궤변을 늘어놓으며 본인 행동에 대한 원인을 원인 아닌 원인에서 찾으려 들고, 문제가 되는 행동에 대해서 자신은 원래 그렇다거나 혹은 듣는 사람이 예민하다며 남 탓만 하려고 하는 사람은 유감스럽지만 어디든 존재하는 법이다. 그런 상대에게는 백 마디의 부탁보다 한 번의 단호함으로 행동이 옳지 않았음을 분명히 알려줄 필요가 있다.

언제나 좋은 사람들만 가까이 있으면 좋겠지만, 그렇지 않은 경우가 빈번하다. 목소리 작은 사람이 이해해주는 것을 당연히 여기며, 여린 성품을 이용해서 본인만 편하게 살려고 하는 사람들을 조심해야 한다. 한 번의 이해가 두 번의 익숙함이 되고, 다시 세 번의 만만함이 되는 것이다. 나는 당신이 적당히 좋은 사람이고 꽤 단호한 사람이면 좋겠다. 같이 배려하고 이해하는 사이라면 상관이 없지만, 당신 혼자서만 배려하고 양보하고 있다면 이제는 단호해질 때이다. 무례한 사람에게 좋은 사람으로 남는 것은 아무 소용 없는 일이다. 그들에게는 냉정하고 까칠한 사람으로 남아도 된다. 당신 자신에게 먼저 착한 사람이 되는 것이 우선이다.

좋은 사람

♡

 나를 좋아한다고 해서, 그 사람이 좋은 사람이 아님을 잊지 않으려 한다. 내가 그 사람에게 어떠한 이익을 가져다줬거나, 비위를 잘 맞췄거나, 모든 일을 상대에게 편안하도록 넘어가려 노력했기에 나를 좋아하는 것임을 이제야 안다. 전에는 작은 친절에도 쉽게 감동했고, 나를 좋아해 준다는 사실에 대해 고마워했고, 당연히 좋은 사람일 것이라고 아주 바보 같은 생각을 했었다. 실상은 아닌 경우가 대부분이었는데도 말이다.

아무것도 모른 상태로 만나게 된 사람이 무조건 좋은 사람일 확률은 높지 않다. 어떤 목적성이 있는지, 무슨 의도인지, 좋아하는 마음 뒤에 감춰진 진짜 마음은 무엇인지 확인하기 전까지는 굳이 내 마음을 쉽게 내어줄 필요는 없다. 새로운 사람을 만난다는 것은 생각보다 힘들고, 복잡한 일이다. 진심을 확인하긴 어렵고 그래서 누군가를 믿기는 더 어렵다.

여러 번 생각하고, 까다롭게 판단하고, 무조건 좋은 사람일 거라 믿는 생각을 접어둔다. 사람을 볼 때 고려하는 몇 가지가 있다. 내가 믿어도 되고, 내 마음을 줘도 괜찮을 사람일지를 생각한다. 언제나 무슨 관계에서도 '나'를 잃지 않도록 우선순위에 '나'를 단단히 세워둔다. 나 혼자만 맞추려고 희생하는 관계는 필요 없기에 항상 동등하고 존중하는 관계의 무게를 유지하고 있는지 늘 살핀다.

날 좋아해 주니까 좋고, 재밌으니까 착한 사람일 것 같고, 똑똑해 보이니까 올바른 사람일 것 같다는 고정관념에서 벗어나면 시야가 넓어진다. 유감스럽지만 눈에 보이는 행동과 귀에 들리는 달콤한 말 몇 마디가 그 사람의 진짜 모습을 전부 보여주지는 않는다. 얼마든지 자신의 속내를 감추고, 상대가 듣고 싶은 말을 꺼낼 수 있으며, 좋은 사람인 양 행동할 수 있다. 시간이 지나 봐야 이 사람이 안 좋은 사람인지, 진짜 좋은 사람인지 알게 된다.

오래 알고 지낸 친구였어도 그 사람의 속내를 알고 실망한 적이 참 많았다. 더 가까워질 필요가 없는 지인. 딱 그 정도의 거리감을 두는 게 편안했다. 평생 이 사람과 더 가까워질 수 없겠다는 사실을 느끼며 멀어지거나, 정말 공교롭게도 멀어지지 못하는 상황이라면 먼 거리를 유지하는 평행선을 만들어 살아간다. 내 삶의 울타리를 함부로 침범하지 못하도록 하는 보호 수단 같은 셈이다.

아이러니하지만 여전히 사람이 좋다. 누가 먼저 친근하게 대하거나 잘해주면 의심부터 들지만, 그래도 사람이 좋다. 사람에게 상처가 많은 사람은 어쩌면 그만큼 사람을 좋아하는 사람이었을지도 모른다. 좋아하는 만큼 쉽게 마음을 주고, 금방 믿어주고, 쉽게 속아준다. 그게 반복되다 보니 사람을 좋아하는 만큼 조심하게 되는 것이다.

당신도 주변의 누군가에게 혹은 가까웠던 사람에게 다쳐 힘들어하고 있을지 모르겠다. 사람을 좋아했던 만큼 다쳤을 테고, 믿었던 만큼 아팠을 것이다. 사람과 사람이 만나고 같이 지낸다는 것은 왜 이리도 잦은 충돌과 소음이 만들어지는 것인지 싶은 마음에, 사람 자체에 대한 싫증이 났을 수도 있다. 그래도 우리는 다시 누군가에게 손을 내밀게 된다. 뒤틀린 인연을 만났던 것은 인간관계의 기준을 만드는 과정에서 헤맸던 것으로 생각하면 좋겠다. 아직은 세상을 덜 알아서 어떤 사람을 만나야 하는지, 무슨 기준으로 사람을 판단해야 하는지 몰랐을 뿐이다. 이제는 어렴풋이 답을 알아가고 있을 것이다. 더 깐깐해져도 되고, 조금 단호해져도 된다.

만났던 사람이 막상 지내고 보니 이상했다면, 함께한 사람이 알고 봤더니 나쁜 사람이었다면, 복잡하게 생각할 것 없다. 선택이 잘못되었을 뿐이다. 함께하고 싶은 사람들을 찾아내는 과정에서의 선택들이 전부 다 쉬울 수는 없을 테니, 그게 불운하거나 이상한 일은 아니다. 삐걱대는 관계로 인해 다치기 전에 해결했다면, 그것으로 잘한 일이다.

이미 지나가 버린 사람과 시간에 연연할 것 없다. 어떤 사람을 마주했다 하더라도 앞으로 당신의 삶에서는 아무런 의미가 없는 사람일 뿐이다. 좋은 사람을 만나지 못했다는 것은 앞으로 좋은 사람을 만난다는 뜻이기도 하다. 좋은 사람인 당신이 좋은 사람을 만난다는 건 당연한 일이니까.

빈자리

♡

 누군가가 떠나간 자리를 남겨둔 채 살아간다. 일상은 허망하리만큼 잘 굴러가고, 별일 없었다는 것처럼 별다른 것 없는 표정을 짓는다. 가까웠던 사람이 내 곁에 없는 상황이 아무리 이질적이라 하더라도, 아무렇지 않은 척 살아간다. 괜찮다, 괜찮다. 하염없이 되뇌어봐도 실은 괜찮지 않다는 걸 알아서, 괜찮아지는 것을 서두르지 않으려 애쓴다. 문득 한 번씩 그리워질 때면 목울대로 올라오는 슬픈 뜨거움이 나가지 못하게 있는 힘을 다해 막아낸다. 빈자리가 자연스러워지는 일이 일상이 될 때까지.

불필요한 친절함

♡

 수영을 배워보려고 마음먹고, 근처 스포츠 센터를 알아보고 있을 때 코로나가 시작됐다. 혹자는 감기 같은 것이라고 말했고, 다른 이들은 아주 무서운 전염병의 시작이라고 했다. 코로나가 무엇인지, 이것의 전파력과 영향력은 어디까지 뻗을지에 대해서 아무것도 몰랐던 우리는 그저 두려움을 감추려 이것저것 들리고 보이는 대로 말했던 것 같다. 2020년 초봄, 날이 더워지면 코로나바이러스의 활동력이 줄어든다는 이야기가 떠돌았다. 아마 여름이 되면 코로나가 조금 잠잠해질 것이라는 내용이었다. 나의 결혼식은 5월이었고, 주변에서는 여름이나 가을로 미루는 게 더 괜찮지 않겠냐는 말들이 나왔다. 수영강습 등록은 미뤘지만, 결혼식은 원래 정했던 날짜에 그대로 하기로 했다. 나와 남편의 의견이었다. 쉽게 종식되지 않을 전염병이라면, 굳이 다음을 기약하느니 원래대로 하고 그때 상황을 그대로 받아들이기로 했다.

몇몇 주변 사람들의 간섭이 유난스러웠다. 걱정이라고 해주는 말이겠지만 굳이 듣고 싶지 않은 걱정이었다. 어련히 알아서 고민하고 결정했을 문제일 텐데도 자신들의 일이라도 되는 듯이 떠들어댔다. 인생에서 한 번뿐인 행사인데 더 신경 써서 날짜를 잡는 게 어떠냐는 말은 듣기 불편한 이야기였다. 왜 그리도 간섭하기 좋아하고 남의 일에 참견하는 걸 낙으로 여기는지 이해되지 않았다.

나와 비슷한 시기에 예식장을 예약했던 지인 중 일부는 날짜를 여름으로 미뤘다거나 혹은 가을로 미뤘다며 연락이 왔다. 나에게 예식 날짜를 왜 미루지 않냐는 간섭을 여러 번 듣게 되니 불편함을 넘어 불쾌함이 되기도 했다. 본인도 결혼을 준비하고 있으니, 나도 남편도 그리고 양가 부모님들도 모두 다 같이 결정한 사항이라는 걸 뻔히 알고 있을 것이었다. 그런데도 구태여 바꾸라 마라 간섭하는 이유가 무엇인지 알 수 없었다. 정작 이 결혼식에 아무런 상관이 없는 사람들이 가장 말이 많았다. 걱정해주는 것인지 악담을 퍼붓는 것인지 모호할 정도였다. 호사가들은 자신이 호사가인 줄을 모른다는 게 더 골치 아팠다. 연락하지도 않는 동창의 결혼식장과 입는 드레스에 대해서 내가 왜 알아야 하며, 또 반대로 그들에게 내 이야기가 왜 전달되어야 하는지 도무지 이해되지 않았다. 축하해야 할 일이라서 축하하기 위함으로 하는 말이라기보다는 신이 나서 떠들어대는 가십거리에 지나지 않는 느낌이었다.

결혼식은 5월 23일. 정해놓은 날짜에 순조롭게 진행되었다. 코로나가 심해졌을 때 결혼식을 올린다는 것처럼 떠들고 다니던 이상한 사람들의 말과는 다르게, 전국 일일 확진자 수가 서른 명도 채 되지 않았다. 다행스럽게도 결혼식에 대한 아무런 제한이 없는 상황에서 식을 올리게 되었다. 정말 감사하게도 코로나 이전의 결혼식과 별다를 게 없는 평화롭고 안전한 결혼식이었다. 그리고 나에게 쓸데없는 걱정과 오지랖으로 피곤을 주던 친구 한 명은 코로나 확진자 수가 기하급수적으로 늘어나는 때에 결혼식을 진행했고 다른 한 명은 두 번을 미루다가 결국 최소 하객으로 결혼식을 올렸다. 결혼사진에도 주변 사람들이 다 마스크를 쓰고 있어야 할 만큼 심각한 때였다. 나에게 결혼 날짜를 미루지 않고 진행해서 어떡하냐며 듣기 싫은 말을 가장 앞장서서 했던 친구들이었다. 코로나가 심할 때 결혼하면 복이 없다느니, 잘 살지 못할 거라느니 쓸데없는 말을 했던 그들은 정작 자신이 그런 상황이 닥치리라는 것은 몰랐던 모양이다. 막상 본인의 상황이 되자 입을 다물고, 자신의 신세 한탄만 늘어놓았다.

조용히 응원해주고, 결혼 준비로 스트레스를 받고 있던 나를 위해서 묵묵히 걱정해주는 친구들이 대부분이었다. 그런데도 미꾸라지 같은 몇 명이 사람의 심기를 건드려놓는 법이다. 사실 모든 말을 다 들을 필요도 없고, 건네는 말이라고 해서 전부 다 쥐고 있을 필요도 없다. 쓰레기통에 던져버려야 할 말도 있고, 손에 닿지도 못하게 받지 않아도 되는 말도 있다. 입에서 나왔다는 이유로 그것이 전부 말이라고 착각하는 사람에게 굳이 필요 이상의 친절은 아무런 도움이 되지 않았다.

  살면서 큰일을 치르고 나면 주변 사람들이 한 번 더 걸러진다고 그랬다. 정말로 신기하게 주변 사람들이 정말로 많이 걸러졌다. 애초에 나는 결혼식 하객으로 부르는 친구들 명단을 정할 때도 꽤 신중한 편이었다. 평생의 한 번뿐인 성스러운 자리에 어울리지 않는 무례하고 불편한 사람들에게는 아예 알리지도 않았다. 신중하게 판단한다고 생각했던 사람들 사이에서도 오지 말았어야 할 사람들이 숨어있었다.

  남에게 안 좋은 일이 생길 것 같으면 표정은 걱정한 척 짓고 입으로는 신이 나서 불행을 저주하듯 말하는 사람에게 관용은 사치일 뿐이다. 말이나 태도를 보면 그 사람 인품의 수준이 보인다고 그랬다. 학벌이나 학력 같은 게 아니라 정말로 인격적으로 잘 배운 사람인지 아닌지를 충분히 고려하고 관계의 존재 여부를 결정해도 충분하다. 원래는 착했던 사람이라던가, 상황이 힘들어서 변한 것뿐이라는 변명을 내가 만들어서 해줄 필요는 없다. 원래 어떤 사람이었는지는 그 누구도 알 수 없다. 보여준 모습도 사실 그 시간 동안의 단편적인 모습일 뿐이다. 무례함을 덮어두려 하지 말고, 몇 조각의 기억에 연연하지 말고 지금 당신의 잔잔한 행복을 방해하지 않을 사람만 선택하길 바란다.

나를 지켜줄 사람은 나밖에 없음을

♡

 이제 나는 나를 믿지 않는다. 가족 같은 사이라 믿었던 오랜 친구가 가장 먼저 뒤돌아섰고, 언제나 내 편이라고 생각했던 사람이 나의 가장 아픈 약점을 가져다 서슴없이 공격하는 아픔을 겪고, 죽을 때까지 절대 건드려서는 안 된다고 하는 이야기도 자신을 방어하기 위해서라면 독을 쏘아대듯 하는 말도 들었다. 나를 지켜줄 사람은 나밖에 없음을 더욱 실감했었고, 살아간다는 건 외롭다는 말이 무슨 뜻인지 알 것 같았다. 다 겪고 나서야 새삼스럽게 인정했다. 나는 사람을 잘 볼 줄 모른다는 것을.

 모든 것을 다 내 탓으로 할 필요는 없지만, 내가 선택했던 사람들과의 문제는 결국 내 결정의 일부였다. 그러니 나에게도 소정의 책임이 있었다. 그 책임을 다하기 위해 다시금 관계를 정리해야 했다. 영영 말도 섞지 않을 수 있는 관계가 있었고, 이제 알아버려서 되돌이킬 수 없는 사이가 있었다. 두 가지 선택지에 한 가지를 더 추가했다. 되돌이킬 수 없는 사이라 하더라도 서서히 멀어진다는 걸 새로운 선택지를 포함하고서 차근차근 골라내고 추려냈다.

믿었기에 이야기하고, 하나뿐인 존재라 착각했기에 모든 것을 말하고, 나의 편이라 생각했기에 나의 약점도 보여줬지만, 틀린 행동이었다. 아무리 가까운 사람이라 해도 내 편은 아니었다. 슬프지만 가족 말고는 아무도 없었다. 오만하게도 내가 좋은 사람들하고만 지낼 거라는 생각을 했던 게 부끄러워졌다.

사람이 미성숙한 존재라는 것을 완전히 알고 있으면서도, 어리석게 사람은 성숙한 존재일 것이라는 착각을 한다. 나 역시도 사실 내 인생을 살아가기만으로 벅차고 힘든 상황인데, 타인이라고 다를 게 없을 것이었다. 서로 피해 주지 않을 선에서 각자 자기의 삶을 잘 살아가기만 하면 되는 게 효율적인 인간관계의 모습이 되었다. 함부로 사람을 믿지 않고, 의지하지 않고, 겉으로 웃는 사람이 다 좋은 사람이 아니라는 걸 인정하며 살아간다. 건조한 삶이 마냥 퍽퍽할 것 같아도, 어쩌면 더 편안한 삶이 되어준다. 쓸데없는 사람과의 언쟁도, 굳이 받지 않아도 될 상처도 피하며 살아간다. 필요 없는 사람을 정리하고 오롯이 나에게 집중한다. 조금씩 더 따뜻한 삶을 만들고 싶은 마음으로.

지금의 친구

♡

 승부욕에 대해서 종종 사람들은 말한다. 자신은 승부욕이 강한 사람이라고, 혹은 승부욕이 없는 사람이라고. 나는 내가 승부욕이 강하다고 생각하는데, 나를 알고 있는 몇몇 지인들은 승부욕이 없는 사람이라고 칭한다. 교복을 입은 학생 때부터 성적이나 공모전 같은 것에 대해서 내 승부욕은 강했다. 조금이라도 성적이 떨어지거나 내 목표치에 맞는 결과를 만들지 못하면 그게 분해서 잠도 잘 자지 못할 정도였다. 그런데 신기하게도 그 이외의 것에는 승부욕이 0으로 수렴했다. 다른 것에 대해서 누군가를 이기는 것에 전혀 관심이 없었다.

가끔 동창들을 보면 자신을 승부욕이 아주 강한 사람이라고 하는데, 게임이나 오락기 점수에는 연연하면서 성적표의 숫자에는 전혀 관심이 없는 것을 보며 늘 신기했다. 승부욕이 있다면서 왜 정작 중요한 부분에 대해서는 전혀 승부욕이 없는 것인지 궁금했었다. 크게 걱정해야 할 성적표를 보고도, 별로 대수롭지 않게 생각하던 대인배 같은 모습이 잊히지 않는다. 그렇다면 그 애는 승부욕이 없는 사람이라 말하는 게 맞지 않을까 혼자 고민했던 적도 있었다.

정반대의 영역에서 승부욕이 존재하고 있는 친구와는 가치관이 달라서인지 성인이 되고 자연스레 멀어졌다. 나는 그 애가 왜 저렇게 쓸데없는 것에 승부를 연연하는지 이해하지 못했고, 그 애는 나를 오히려 인생을 피곤하게만 산다고 생각했던 탓이었다. 친구를 보면 그 사람이 보인다는 말이 정말이었다. 아무리 어릴 때 친했다고 하더라도, 결국 나와 생각의 결이 비슷한 사람만이 남아있었다. 승부욕이든, 직업에 대한 가치관이든, 무엇이든 자기와 잘 맞는 사람과 오랜 시간 함께할 수 있었다. 비슷한 사람과 친구를 하면 억지스럽게 이해할 것도 없고, 필요 없는 말씨름도 할 필요가 없고, 서로 기분만 상하는 쓸데없는 만남을 갖지 않아도 됐다. 결이 맞는 사람과 친구하는 것은 편안함을 가져다줬다. 서로의 생각이나 행동을 의아스럽게 바라볼 것도 없었고, 각자 살아온 지난 시간에 대해서 이해하지 못할 일이 없었다.

결국 자신과 닮은 사람만 친구로 남게 되는 것이다. 당연히 나와 다른 것에는 기부감을 느끼고, 내 기준에 틀리고 잘못된 것은 불편한 시각으로 보게 된다. 작은 거부감도 사소한 불편함도 결국 쌓이고 쌓이다 보면 멀어지는 게 자연스러운 일이 된다. 평생 친구라는 말이 참 애틋하고 예쁜 말이지만, 나는 이제 그 단어를 쓰지 않는다. 친구는 언제든 변하는 것이고, 또 친분의 크기 또한 달라지는 게 자연스러운 일이라는 걸 안다. 과거 언제부터 친구였는지가 그다지 중요한 일이 아니듯, 앞으로 언제까지 친할지를 정하는 것도 불가능에 가까운 일이다.

그저 지금의 나와 비슷한 내 친구들에게 언제든 맛있는

밥 한 끼를 사주고, 힘든 일이 있다면 술 한 잔을 사주는 일에 소소한 기쁨을 느낀다. 이들이 언제까지 내 친구가 되어줄지, 또 내가 언제까지 이들의 친구가 될지는 아무도 모른다. 살아가며 달라질 테고, 각자 달라짐의 모습이 도저히 이해되지 못할 때, 자연스레 멀어질 거란 사실을 인정한다. 서로가 각자의 자리에서 열심히 살아가고 있다는 사실과 그렇게 바쁜 와중에서 가끔 시간을 내어 서로를 응원하고 있다는 사실을 잊지 않는다. 나를 닮은 친구가, 그리고 친구를 닮은 내가 더 행복하게 살길 바라는 마음으로.

나를 닮은 친구가,

친구를 닮은 내가,

더 행복하게 살길 바라는 마음이다.

이해하지 말아야 할 것은
이해하지 말자

♡

 선불리 판단하고 싶지 않은 마음에 조금 더 믿어보자는 마음으로 지내보면, 차라리 조금 더 빨리 냉정하게 결정하고 멀어질 것을 하고 후회한 적이 많았다. 이분법으로 생각하는 것은 지양해야 하는 일이지만, 나쁜 것은 분명하게 나쁜 것이고 좋은 것은 좋은 것이라는 말은 막상 살아보니 정답 같은 문장이었다. '어쩔 수 없다'라는 말을 함부로 아무나 쓸 수 있는 말이 아니다. 다 자신이 좋아서 선택하고 행한 일을 감싸는 변명을 위해 쓰일 단어가 아니다. 이걸 먼저 알지 못했던 나는 '어쩔 수 없었을 거야.' 혹은 '사정이 있었을 거야.' 같은 생각들로 사람에 대해서 정확하게 판단하지 못했었다.

한참 전, 고등학생 때 일이었다. 내가 다녔던 학교는 중요과목에 대해서는 이동수업을 했었다. 수준별 수업이라고 해서 내신과 모의고사 성적을 합산해서 상, 중, 하, 이렇게 세 개로 반을 나눠놓았다. 자신의 성적에 맞는 반에 가서 수업을 들었었다. 그 덕분에 공부하는 학생들이 일진이라고 불리는 시끄러운 애들과 부딪힐 일이 없어서 학생들 사이에서 호응이 좋았었다. 문제는 영어 수업 때였다. 입에서는 담배 냄새가 풍기는 애가 한 명 있었다. 대학 입시에 모두가 곤두서있고 무엇보다 바쁜 시기에, 개념 없이 소란스럽게 살아가는 일진이라 불리는 무리의 한 명이었다. 나는 공부하느라 잘 몰랐지만, 그 애에 대해서 말이 많았다. 중학생 때 학교 폭력으로 전학을 몇 번을 다녔다며 아이들이 수군댔었다. 그런 애가 우리 영어반에 들어온 것이다.

 지금과 다르게 물러터질 정도로 바보 같았던 탓에, 내가 먼저 그 애에게 안쓰럽다는 이유로 말을 걸어줬었다. 대부분 최상위권 학생들만 모여있는 반에서 당연히 그 애는 친구가 없었다. 수업이 시작되기 전 쉬는 시간이면 가만히 있는 게 딱해 보였던 것 같다. 친구들이 그 애의 행실에 대해서 말해주면서 말도 섞지 말라고 했지만, 말을 듣지 않았다. 모든 것에 대해서 긍정적으로만 생각하려 노력했던 그때의 나는, 겪어보지 않은 사람에 대해서 먼저 판단하지 않으려 했기 때문이었다. 어쩌면 저 애도 저렇게 살게 된 이유가 있을지 모르고, 자기도 사실 잘 살아 보고 싶은 애가 아닐까 싶었다. 아무도 그 애 옆자리를 앉지 않으려고 해서, 내가 자원해서 영어반 짝꿍을 했었다. 수업을 못 따라가는 것 같아서 따로 설명해주기도 했고, 모르는 것에 대해서 주눅 들지 말라고 응원해주기도 했었다.

사람들끼리 수준이 있다고 생각하지 않았었다. 학생은 특별하게 다른 목표가 있는 게 아니라면 입시에 치중하는 게 당연한 것이지만, 그것만으로 사람을 평가하고 싶지는 않았다. 나쁘다고 지칭하는 행동을 하는 게 잘못되었다는 것은 인정하면서도 어쩌면 다른 사정이 있을 거라는 안일하고 멍청한 생각을 했던 것 같다. 영어반 짝꿍이었던 그 여자애는 나의 가장 친한 친구의 뺨을 때렸다. 이유는 더없이 가관이었다. 급식실에서 새치기하려다가 선도부였던 내 친구가 지적하자 뺨을 때렸다는 것이다. 주변 학생들이 말려도 계속 구타를 이어가다, 선생님들이 오자 멈췄었다고 한다.

교무실 앞에서 반성문을 쓰고서 벌을 받는 그 애를 봤었다. 그렇게 끝났을 일이라고 생각했을 즈음 다시금 일이 또 발생했다. 정규 수업 시간이 끝나고, 보충 수업이라고 불리는 8교시에 자기 무리 애들을 데리고서 내 친구에게 폭력을 가한 것이다. 상황은 꽤 심각했다. 사람이 사람을 그렇게 때릴 수도 있다는 걸 처음이자 마지막으로 봤었다. 친구의 온몸과 얼굴에 핏자국과 멍 자국이 가득했다. 사람들의 발길이 잘 닿지 않는 별관 건물의 도서실 가는 길목에서 발생한 일이었다. 내 친구에게 그런 일이 있었다는 게 충격이었고 슬픔이었다. 그리고 폭력의 가해자를 꽤 자주 봤으면서 상종하지 말아야 할 사람이라는 걸 내가 알아보지 못했음에 소름이 돋았다.

내 친구에게는 그때 당했던 폭행이 아직도 엄청난 트라우마로 남아있었다. 지울 수 없는 낙인처럼 기억에 깊게 박혀있어서, 그녀는 아직도 일상생활에서 어려움을 겪고 있다. 학교폭력은 그렇게 간단한 일이 아니다. 그것의 피해자가 된 이는 살아갈 날들 속에서 언제까지고 그 후유증을 혼자서 겪어내야 한다. 가해자인 그 애는 동창들에게 들어보니 학생 때 혼전임신으로 급하게 결혼했다가 이혼한 이후로 소식이 없다고 한다. 아마 자신은 아무렇지 않게 잘 살아가고 있을 것이다. 하도 나쁜 짓을 많이 했었으니, 언제 누구누구를 해코지했는지도 인지하지 못할 것 같다. 아마 왜 자기는 성공하지 못하냐며 세상이 불공평하다는 말도 안 되는 세상 탓을 하고 있을지도 모르겠다.

그 일이 있는 후부터 나는 사람에게 수준이 있음을 인정했다. 이유가 어떠하든 잘못을 하고 쓰레기 같은 행동을 했던 사람은 뒤도 돌아보지 않고 끊어낸다. 가끔 본인도 양심 있는 사람이라고 자신의 과거를 숨겨놓고 싶은 마음에 잘 가리고 살았다 하더라도, 내가 알게 되는 날에는 아무런 미련이 없이 정리한다. 실수라는 단어가 어울리는 선이 있고, 그 안에 결단코 들어갈 수 없는 잘못이 있다. 이해하지 말아야 할 것을 이해하지 말고, 감싸주지 말 것은 과감히 잘라내고, 아닌 것은 아님을 잊지 말고 살아간다. 사람은 유감스럽지만 잘 변하지 않는다. 때문에 이왕이면 빨리 판단하고 정리한다. 너무 빠른 결정일 까봐 고민하고 걱정하는 사이에, 질 낮은 사람이 성큼성큼 가까이에 올 수도 있다. 이해하지 말아야 할 것은 이해하지 말고, 결정을 내릴 순간이다. 당신을 위해서.

부정을 말하는 연습

♥

 괜찮다고 말했어도 뒤돌아서 섭섭하고 찝찝한 마음은 내가 치사해서가 아니다. 그건 괜찮지 않은 일을 만든 상대의 탓도 있다. 자기 뜻대로 결정해놓고 물어보는 사람들을 만나봤을 것이다. 실컷 본인이 하고 싶은 대로, 자기에게 유리하거나 원하는 방향으로 모두 결정해놓고 굉장히 배려하는 듯이 물어본다.

 "이해하지? 혹시 너 불편해? 그러면 이거 안 하지 뭐."

 진짜 배려라면 결정하기 전에 먼저 물어보는 게 당연한 예의일 텐데, 그런 순서는 본인 마음대로 바꿔놓고서 적선

하듯이 물어보는 질문이다. 그럴 때 명쾌하게 대답하면 좋으련만, 괜찮다 혹은 좋다는 말이 입에 베일 정도로 남한테 맞추는 게 익숙한 사람은 이런 답변을 한다.

"응 나는 괜찮아."

이 말이 나올 것을 다 알고 있었다는 듯한 혹은 그래 너는 이런 말을 했어야 마땅했다는 표정을 짓는 상대를 보며 이 대화는 일단락된다.

예전의 나는 이런 일이 있을 때마다 나를 탓했다. 내가 너무 바보 같고 제대로 의견을 말하지 못한 것 같아서, 그런 내가 참 싫었다. 불편한 걸 불편하다 말하고, 괜찮지 않은 일을 괜찮지 않다고 하면 될 걸 가지고 좋다는 말을 왜 한 것인지 자책했었다. 막연히 내가 내 의견을 말하지 못하는 어리숙한 사람인 줄만 알았다. 그러나 그건 아니었다. 상대는 나에게 어떤 대답을 하라는 분위기를 조성하고, 미리 자신이 원하는 방향으로 가기 위한 길목을 충분히 만들어 두고서 물어보는 경우가 대부분이었다. '너도 괜찮지?' 혹은 '너도 동의하지?' 같은 말의 전을 살펴보면 본인의 결정을 따르도록 만드는 치밀한 복선을 깔아놓은 것을 알 수 있다.

 그런 케이스는 다양하다. 화를 잘 내는 성격이라면 자신이 화가 난 듯한 행동을 취한다거나, 말을 잘하는 사람이라면 구구절절 본인의 결정 말고는 다른 건 답이 없다는 듯이 이야기를 풀어놓기도 한다. 그런 상황에서 '나는 그게 싫어.'라고 확실히 말할 수 있는 사람은 얼마 없을 것이다.

 상대를 존중한다면, 어떤 결정 사항에 대해서 시작부터 먼저 이야기를 꺼내곤 한다. 그것에 대한 고민의 도입부터 끝까지 같이 진행할 수 있도록 말이다. 전부 다 결정해놓고 '너 갈래? 말래?' 혹은 '너 할래? 말래?' 같은 극단적인 선택지를 주는 게 아니다. 그런 질문이 갖는 역할은, 질문자에게 '나는 분명히 물어봤으니 너에게도 선택권을 줬어. 이걸로 딴소리하면 안 돼.'라는 본인에게만 합리적이고 이성적인 변명의 구실일 뿐이다.

막상 싫다는 말로 거절을 하면 화가 난 티를 낸다거나, 서운하고 속상한 티를 내는 사람들이 더러 있다. 목소리 큰 사람이 이긴다는 말처럼, 본인이 생각하기에 굉장히 합리적인 자신의 결정에 거절했다는 행동이 잘못한 것이라도 된 듯 큰 소리로 논리라고는 없는 말을 계속 반복하기도 한다. 그런 행동은 애초에 상대가 말할 의견을 들을 생각이 없었다는 뜻을 반증하는 태도이기도 하다.

나이를 한 살씩 더 들어가면서 왜 마냥 단호해지고 냉정해지는지 모르겠지만, 나는 이제 저런 사람들과의 대화 자리가 있다면 기꺼이 내 의견을 이야기한다. 화를 내는 듯한 표정도, 서운함을 말하는 입도 두렵지가 않다. 결국 뒤돌아서 집에 돌아갔을 때 괜찮지 않을 내가 너무 가엽고 소중할 뿐이다. 잘못된 대답을 한 대가로 고생하게 될 미래의 나에게 너무 미안해서라도 명쾌하게 대답하고 넘어간다.

멀어질까 봐 혹은 사이가 틀어질까 봐 고민할 가치가 있는 사람이 있고, 그런 고민 자체가 시간 낭비인 사람이 있다. 언제나 당신 곁에 좋은 사람만 있으면 좋겠지만, 정말 유감스럽게도 안 좋은 사람을 만났다면 그런 고민은 하지 않았으면 좋겠다. 사이가 틀어져도 되고, 서운한 말 들어도 괜찮다. 괜찮지? 물어보는 질문에 진짜 괜찮지 않으면 안 괜찮아. 라고 대답해도 된다. 나의 괜찮음은 내가 판단하는 것이지, 감히 상대가 먼저 판단할 수는 없는 일이다. 긍정을 대답하는 건 충분히 넘치게 잘해왔다면, 이제는 부정을 답할 연습을 할 때이다. 남이 아니라 진짜 내가 괜찮을 수 있도록.

모든 사람의 말을 다 믿을 필요는 없어

♡

거짓말이라는 걸 알아도 모른 척 넘어가고, 허세가 가득한 내용임을 알아도 그저 헛웃음 몇 번에 무시하고 지나간다. 내가 전에 집필한 책들에 출연하는 허언증 환자 같은 사람들을 마주친 이후로 더욱 그렇다. 내 삶을 자신의 삶인 양 꾸며내서 혐오스러울 정도로 나를 놀라게 했던 사람도 있었고, 뻔히 거짓말인지 보이는 일에도 아니라며 주장했던 사람들도 많았고, 굳이 물어보지도 않은 이야기를 지어서 나 때는 그랬다며 말하는 사람들도 있었다. 그런 사람들이 인간관계에서 하게 되는 대화의 방식을 변하게 만들어줬다.

원래도 상대에게 무언가에 대해 잘 질문하지 않는 성격이지만, 이제는 더더욱 아무것도 묻지 않는다. 가족이나 친구가 아니면 이야기 자체를 하지 않고 조용히 있으려고 노력한다. 굳이 대화를 해야 한다면 너무 가벼워서 금방 듣고 잊어버릴 주제를 선택하거나, 본인의 이야기는 하지 않을 그런 주제만 선택해서 대화한다. 꽤 제대로 된 이야기를 했다가 나중에 결국 거짓말인 걸 알고 놀라느니, 애초에 쓸모없는 주제의 이야기를 하는 게 차라리 편한 일이었다.

진실을 말하는 것 같은 태도에도 속지 않으려고, 그냥 흘려듣는다. 바디랭귀지에 관한 책을 여러 권 읽었었다. 속고 싶지 않아서 관심 있었던 분야였다. 유감스럽게도 나는 전문가가 아닐뿐더러, 본인의 거짓말을 진짜로 만들기 위해 계속해서 거짓말을 붙이는 기술을 이겨낼 수가 없었다. 거짓말에 나는 속아 넘어간 적도 많았다. 혹자는 내가 바보라고 하겠지만, 막상 당해보면 허무할 만큼 금방 속게 된다. 바보인 나는 진실 여부를 판단할 수가 없어서, 중요한 사람들과의 대화가 아니면 대충 들으려 노력한다.

잘 속는 사람인 나는 이제 굳이 먼저 무언가를 말하지도 않고, 부탁하지도 않고, 질문하지도 않는다. 흘려듣고, 무시하고, 기억하지 않고, 연연하지 않는다. 내가 직접 확인하면 될 일이니 타인의 말에 좌우되지 않는다. 나 역시도 살면서 한 번도 거짓말을 한 적이 없다고 말할 수는 없다. 하기 싫은 대답에는 입을 다물었고, 대충 얼버무린 말들도 있었다. 그래서인지 타인의 말을 흘려듣는 일이 더 수월하다.

 타인과 대화를 할 때는 내 이야기를 하지도 않고, 그 사람의 이야기를 묻지도 않는다. 물어보지도 않은 자기 이야기를 굳이 꺼내려 한다면 그 이야기를 전부 믿으려고 집중하려 하지 않는다. 내가 썼던 책의 제목 중에서 이런 게 있다. '모든 사람에게 좋은 사람일 필요는 없어' 그때 당시는 정말 아무에게나 좋은 사람만 되지 않으면, 다치지 않을 줄 알았다. 살아보니 더 필요한 게 많았다. '모든 사람의 말을 다 믿을 필요는 없어'라던가 '모든 말을 다 진짜라고 생각할 필요는 없어' 같은 것 말이다.

그렇지 않아도 복잡하고 어려운 인간관계에서 당신이 덜 피곤했으면 좋겠다. 모든 걸 들을 필요도 없듯이, 믿어 줄 필요도 없다. 그건 당신의 선택이다. 굳이 일일이 따져 가며 복잡하게 할 게 아니라, 허허실실 웃고 대충 넘어가는 게 가장 현명한 방법이다. 진심을 기대하게 만드는 태도나 진짜를 말하는 것 같은 눈에 속지 않는다. 진짜로 포장된 거짓에 더는 다치지 않아야 하니까.

헤어짐을 무기로 사용하는 사람

♡

 멀어짐을 선택지에 두지 않은 사람은, 인간관계에서 결국 져주는 것 말고는 선택할 게 없어진다. 부탁해보고, 타일러보고, 화도 내보고, 애원해봐도 아무런 소용이 없다는 걸 슬프지만 인정하게 된다. 둘 사이의 관계에 대해서 더 소중하게 생각하는 사람은 아이러니하게도 약자가 된다. 언제라도 두 사람이 잡은 손을 금방 놔버릴 준비를 하고 있는 사람과 함께하는 일은 생각보다 외롭고, 외로워서 자주 슬퍼질 뿐이다.

 그런 사람의 마음을 이용하려는 사람들이 더러 있다. '네가 이렇게 하면, 나는 이렇게 한다?'라는 식으로 협박을 한다거나, 헤어짐을 무기로 사용하는 치사한 사람은 어디를 가나 존재한다. 그런 말을 들은 사람 중 몇 명은 그 도발에 넘어가서 하지 않아도 될 사과를 하거나, 이 관계가 정리되지 않았으면 하는 마음에 모든 것을 맞춰주는 실수를 한다. 다행스럽게도 그 실수를 몇 번이고 반복하지는 않는다. 정리하고 싶지 않은 인연에 대한 미련으로 넘어가고, 져주고, 포기하다가, 결국은 그 관계가 막상 나에게 없어져도 아무 상관 없다는 걸 깨닫는다. 정답을 찾게 된 것이다.

사실, 내 삶에서 사라지면 안 될 사람은 존재하지 않는다. 사랑하는 부모님이 돌아가셔도 슬프지만 이겨내고 오늘과 내일을 살아가는 게 사람이다. 하물며 고작 몇 년을 가까이 지낸 사람과의 관계가 정리된다고 해서 망가질 것은 없다. 물론 슬플 테고 아쉬울 테고 꽤 커다란 아픔이 될 수도 있을 것이다. 그러나 그로 인해 인생이 송두리째 사라진다거나, 세상이 무너지는 일은 없다. 더한 일도 버텨내고 이겨내며 살아가는 삶에서, 소중한 인연이 사라지는 일은 막상 겪고 나면 하나의 사건 정도로만 남게 된다.

함부로 당신에게 관계의 단절을 무기로 자신의 주장을 내세우는 사람이나, 말도 안 되는 협박 같은 언행을 일삼는 사람이 가까이 있다면, 일단 귀를 닫고 생각해볼 때이다. 저런 말을 하는 사람의 심성이 과연 내가 믿고 있는 것처럼 좋은 사람일지 말이다. 결론이 났다면, 이제 관계 정리의 두려움을 깨트리면 된다. 관계에 대해서 언제라도 헤어짐이라는 선택지를 염두에 두지 않으면 힘들어지는 것은 본인뿐이다. 정작 상대는 언제라도 정리할 준비가 돼 있기에 그런 말을 입 밖에 꺼낸다는 걸 알아야 한다. 소중한 당신은 당신을 애태우게 만드는 사람 말고, 진짜 좋은 사람을 만났으면 좋겠다.

내 삶을 나의 것으로 가득 채워야지

♡

"싫어요."

이 한마디가 정말 어려웠다. 착한 건 아니었고, 바보 같았다. 마음속에 옐로카드가 수백 장이 있었나. 언제나 혼자 속으로만 경고하고 삭일 뿐이었다. 그러려니 하고 잘 넘기는 성격도 아닐뿐더러, 기억력도 좋아서 사소한 것까지 다 기억하느라 힘들어하는 주제에, 한 번도 남에게 싫다고 말하지 않았다. 남아있는 옐로카드가 다 떨어져 갈 즈음에 나도 지칠 만큼 지쳐있었다. 쿨하지도 못한 성격 탓에 서운한 것, 슬픈 것, 억울했던 것들 전부 모아다가 어디다 버리지도 지우지도 못한 채, 이고 지고 살아내고 있었다.

어설프게 착한 사람은 살아냄이 힘든 법이었다. 완전히 이해하지도 못하면서 괜찮다고만 하니, 인생이 잘 소화되지 않았다. 싫다고 표현하는 게 두려웠었다. 합당한 이유가 있어야 할 것 같았고, 그 말을 상대가 납득할 수 있을 만큼의 괜찮은 이유를 찾아내고 싶어 했다. 그러나 아무리 생각해도 그런 논리적이고 거창한 이유를 찾을 필요는 없었다. 내가 싫은 거고, 내 기준에 불쾌하고 하고 싶지 않은 일이라면 당연히 거절해도 괜찮다는 결론에 다다랐다. 정작 무례한 사람들은 나의 기분이나 내 입장, 내 생각 같은 것은 전혀 고려하지 않고 꺼내는 말이고 행하는 행동이었다. 그런 언행에 싫다는 내 답변이 나쁜 말이 아니라는 걸 뒤늦게 깨달았다.

 눈 딱 감고 용기를 냈다. 감정 소모가 클 일이라는 것이라는 것도 알고, 처음 겪어보는 상황에 내가 힘들 것이라는 사실도 예상했다. 그래도 한 번쯤은 선을 긋고서 그 선에 대해서 고지해줘야 하는 일이었다. 함부로 내 삶에 침범하지 않도록, 나의 인생과 시간을 좌지우지하지 않도록 확실하게 분리하고 경고할 필요가 있었다.

속상함에 눈물로 젖었던 많은 밤을 보내고 나서야 유연한 단단함을 가질 수 있었다. 상대를 배려해주지 않는 사람을 위해서 내가 배려하려 애쓰지 않았다. 그러자 삶이 유익하게 단순해졌다. 내 삶에 불필요한 것까지 신경 쓰고 고민했던 많은 것들이 한순간에 별문제가 아니었다. 상처를 머금고만 있지 않고, 내가 상처받았음을 알렸다. 체할 것 같은 말은 뱉어냈다. 내 삶에서 나를 제외한 다른 무언가는 그다지 중요한 게 아니었다. 그제야 나를 온전히 잘 유지하며 내 삶을 살아가는 법을 터득한 것이다.

　적당히 맞춰주고 동조하고 넘어가려고 하지 않는다. 자신의 입맛에 맞아야만 좋은 사람이고 편안한 사람이라는 수식어를 붙이는 사람에게는 불편한 사람이 되어도 괜찮다. 내 삶을 나의 것으로 가득 채워야지 남이 만들어낸 찌꺼기 같은 기억과 감정으로 채워 넣어서는 안 된다. 보이지 않는다고 해서 존재하지 않는 게 아니듯, 나의 마음과 감정선이 보이지 않는다고 해서 무시하고 넘어갈 게 아니다. 후회 없이 살아가기 위해 가장 중요한 것은 나 자신을 더 담대하게 지켜내는 일이다.

불필요한 언쟁이나 피곤한 감정싸움은 피하되, 당신을 지켜낼 수 있는 표현은 명확히 꺼내는 용기를 가졌으면 좋겠다. 좋게만 생각하려고 하고, 착하게만 말하려고 하는 당신이 간혹 마주하게 되는 몰상식한 사람으로부터 생채기가 생기지 않도록 말이다. 친절함에 대한 고마움과 배려에 대해 따뜻함을 아는 사람에게만 다정한 사람으로 남으면 충분하다. 당신은 당신의 마음만 돌보며 살면 지금보다 더 행복할 테니까.

"내 삶을 나의 것으로 가득 채워야지."

"친절함에 대한 고마움과 배려에 대해 따뜻함을 아는 사람에게만 다정한 사람으로 남아야지."

사람이 좋지만,
사람이 싫었다.

♡

　해주지 않아도 괜찮은 걱정들 때문에 피곤했을 때가 있었다. 20대에 결혼하니 주변의 몇몇 사람들은 나에게 혼전임신으로 결혼하는 거냐며 경시하듯 물었다. 그런 게 아니라고 답하자 그러면 아이는 언제 가질 것이냐며 간섭했다. 아직은 둘이 살면서 일에 집중하는 게 행복하다고 했더니 그러다 시간이 금방 가버린다며, 낳으려고 할 때는 노산이라며 재촉했다. 친한 언니가 결혼하면 가족을 제외하고 남들에게는 차라리 딩크족이라고 말하는 게 오히려 속 편할 거라며 농담 섞인 어조로 말해줬던 이유가 이것 때문이었구나 싶었다.

정작 나와 가까운 부모님과 시부모님께서도 전적으로 나와 남편의 결정을 존중해주시고, 임신에 대한 어떠한 말씀도 없으셨다. 천천히 낳으라는 말도, 혹은 아이 계획은 있냐고 묻는 말도 하지 않으셨다. 아마 그런 말들이 우리에게 스트레스로 다가올 것이라는 걸 먼저 배려해주는 마음에서 우러난 다정함이었을 것이다. 가족도 조심해주는 부분에 대해서 신이 난 듯 간섭하는 인간 군상들이 있다. 그들은 연애, 결혼, 임신, 출산. 이 4가지는 무조건 하나의 세트라고 생각하는 것처럼 보였다. 제때 해야 한다며 말하며 그들만의 논리를 펼치지만, 그 시대의 '제때'와 지금을 살아가는 나의 시간이 다르다는 걸 이해하지 못한다.

 불필요한 논쟁에 끼어들고 싶지 않아서 그냥 웃으며 얼버무리는 일이 잦았다. 입에서 나온다고 다 말이 아님을 알고, 귀에 들어갔다고 해서 그걸 다 머리에 넣을 필요도 없음을 안다. 튕겨내고 뱉어내고 무시하는 말들이 많아졌다. 나는 역사를 좋아하고, 선인들의 문화를 좋아하는 편이지만 그것을 근거로 삼아 말하는 이야기에는 이제는 귀 기울이지 않는다. 역사는 반복된다는 말이 자신들의 의견을 피력하는 것에 사용하는 궤변적인 논리를 듣고 싶지 않아서 귀를 닫는다. 과거에 그랬다는 사실은 지금의 나에게 썩 중요하지 않다. 과거에 그랬던 그러지 않았던 지금은 어떤 형태로 살아갈 것인지가 가장 중요한 문제이기 때문이다.

사람이 좋지만, 사람이 싫었다. 먼저 살아봤다는 이유로 내 손에 굳이 쥐여주는 염려가 껄끄러웠다. 가족들도 하지 않는 내 걱정을 무슨 자격으로 신이 나서 떠드는 것인지 우스웠다. 표면적으로는 걱정이었고 속뜻은 내 약점이나 불편해할 부분을 날카로움으로 깊게 찔러대는 일이었다. 점점 삶의 경험이 쌓일수록 사람을 수용하는 범위가 오히려 줄어드는 것 같았다. 불편함을 참을 필요성도 못 느꼈고, 무례한 그들이 건네는 간섭이 도움이 되는 것은 하나도 없었다. 내 삶의 근처에도 없었으면 싶은 사람들에게 이제는 웃음으로 넘기지 않고 불편함을 표시하며 그들의 실수를 알려준다.

알아서 잘 살아갈 타인의 삶을 구태여 깊게 알고 싶어

하는 것 자체가 실례이고, 설령 우연히 알게 되었다고 해도 그것에 대해 왈가왈부하는 것 또한 그릇된 행동이라는 걸 안다. 겪어봤기에 더 조심하고 이왕이면 입을 다물고 있으려 한다. 나와 다른 선택을 했다 하더라도 그것이 틀리지 않았음을 인지하고 있다. 타인이 해줄 수 있는 것은 진실한 응원이 전부이기 때문에 잘할 거라는 진심 어린 마음을 전하고 넘어간다. 누군가 나와 비슷한 길을 걷게 되었다 하더라도 맞고 틀림에 대해 간섭하고 조언하지 않는다. 잘할 거라는 걸 알기에 굳이 나의 이야기를 꺼내어 이렇게 살아라 같은 말은 넘어간다.

시대의 흐름을 온전히 읽어내는 것은 어려운 일이다. 체감할 수 없을 만큼 빠르게 지나가고, 벌써 저만큼이나 가버린 속도를 맞추는 게 버거울 때도 있다. 그래도 변화에 대해서 인정하고 긍정적으로 받아들이기 위해 노력한다. 내가 살아왔던 순간을 기준으로 삼게 되면 나 또한 내가 불편해하는 사람들처럼 변하게 될까 봐 무서움이 들 때가 있다. '그건 안 된다.' '예전부터 이건 이랬으니 따르는 게 안전하다.'와 같은 말이 스멀스멀 올라오려 할 때면 꿀꺽 힘주어 삼켜낸다. 모든 일을 행함에 있어서 선택해야 하고, 그 선택의 뒷면에는 여러 가지 위험성이 당연히 존재한다. 가능성에 대해 집중하고 그것을 해내기 위해 몰입하고 최선을 다할 수 있는 효율적인 방법을 찾아내는 일이 무엇보다 중요하다. 그러니 당사자도 다 알고 있을 선택에 대한 위험성이나, 부정적인 이야기는 걱정이랍시고 하지 않는다.

어떤 선택을 했든지, 당신이 행한 일이리면 믿고 응원해 줄 사람만 가까이 둬도 된다. 말만 걱정이고 피곤함을 몰고 오는 사람은 정작 아무 도움이 되지 않는다는 걸 잊지 않아야 한다. 쓸모없는 사람들의 말은 잘 걸러내고, 버릴 인연은 버리고, 함께해서 불쾌한 사람은 멀리하면서 당신의 삶을 살았으면 좋겠다. 나중에 후회 없을 정도로 본인이 원하는 만큼 행복하게.

감정의 무게를 덜어내면

♡

 소비할 수 있는 감정의 양이 정해져 있는 것인지 생각했다. 한 번씩 내 모든 감정을 다 쏟아내고 나면, 더는 화가 나지도 않고 기쁘지도 않은 그저 그런 상태로 한동안 머물게 된다. 그게 꼭 싫게만 느껴지지 않지만, 체력적으로 힘든 것은 사실이다. 그래서 이왕이면 어떤 일에도 구태여 내 감정의 많은 양을 쓰지 않으려 노력한다. 슬퍼할 일에만 마땅히 슬퍼하고, 기뻐할 일에만 기뻐하고, 화를 낼 일에만 화를 내고, 신경 쓸 일에만 관심을 준다. 너무 감정을 쉽게 소비하는 경향이 있었던 나는 감정의 에너지가 고갈될 때마다 지치곤 했다.

누군가 화가 난 것 같으면 풀어주려 노력하고, 힘들다고 계속해서 징징거리듯 푸념하면 내가 해줄 수 있는 일에 대해 고민하던 버릇은 이제 어디론가 사라졌다. 나는 감정 쓰레기통이 아니다. 내 감정 하나 추스르는 것도 힘든데, 남의 감정선까지 살펴줄 여유가 없다. 마땅히 내가 부둥켜안고 보듬어야 할 사람이나, 내가 책임지고 가야 할 일이 아니라면 관망한다. 나도 내가 알아서 내 감정을 잘 조절하며 살 듯, 남들도 각자 자기가 알아서 해야 할 일이기 때문이다.

일단 내가 편해야 인간관계도 신경 쓸 여력이 생기는 법이다. 이해가 안 되는 남의 사정까지 억지로 이해하려고 노력하면서 해결해주려 하거나 위로해줄 더 이상의 체력도 없거니와, 그럴 시간이 아깝다는 걸 안다. 개인적인 시간에 불필요한 감정노동은 하지 않아도 된다. 한쪽은 바라기만 하고, 다른 한쪽만 노력하는 관계는 금방 망가지기 마련이다. 애초에 헐거운 관계로만 남겨두면 느낄 수 있게 된다. 온전한 혼자인 시간이 늘었고, 그 시간이 평온해졌다는 사실을.

그렇게 사라져버린 인연일 뿐

♡

 봄에서 여름, 가을, 겨울, 다시 봄. 계절과 계절 사이, 끝과 시작의 교차점처럼 모호한 순간이 있다. 함께했던 지난날과 작별을 나누고 새로움을 맞이할 준비를 한다. 마치 계절이 지나가는 것과 닮아있는 인연의 마무리도 있다. 어디부터가 끝인지 헤어짐의 안녕을 말해야 할 경계가 어디였는지도 모른 채 멀어지기도 한다.

 끊어지듯 분명한 마무리가 없는 탓에, 흐려져 버린 인연을 가끔 생각한다. 바쁘고 정신없이 살아가다 보니 멀어져 있음을 알게 된다. 안부를 묻는 잠깐의 시간을 낼 노력도 하지 않을 만큼 서로에게 그다지 중요하지 않았던 사람이었을 수도 있고, 막상 지나고 보니 그때와는 달라져 버린 생활과 생각에 일부러 멀어짐을 선택했을 수도 있다. 구체적인 이유가 무엇이든, 시간이 지나 잎이 떨어지고 낙엽이 되듯 자연스럽게 멀어져 버린 한때의 인연들은 누구에게나 존재하는 법이다.

 그렇게 멀어진 인연들은 슬픔이 아니다. 그때는 벗이었고 이제는 어색한 존재가 되어버린 사실이 살아가다 문득 쓸쓸함이 되어 찾아오긴 하겠지만, 필연적인 일이었음을 안다. 어쩌다 한 번씩 기억을 헤집어 볼 수도 있다. 그 시절에 눈부시게 웃던 내가 그리워지고, 어쩌면 내 평생의 우정일지 모른다고 착각했던 친구와 함께했던 시간이 보고 싶을 때도 있다. 하지만 그뿐이다. 지나간 인연이라는 건 변함이 없다.

 과거에 살아가지 않도록 이따금 불필요한 미련은 털어내고, 어차피 내색하지 않을 아쉬움은 날려 보낸다. 자연스레 시작되었던 만남처럼 어디부터가 끝이었는지 모를 모호한 관계의 마무리는 시간에게 맡기기로 한다. 시간은 숨

가쁘게 지나간다. 애써 기억하지 않으면 뿌예진 장면과 까마득하게 예전처럼 느껴지는 시기가 오면, 그 인연의 마무리가 완성된 것이다.

지나가는 인연에 연연하고 집착하고 슬퍼했을 수도 있다. 괜히 미안한 마음이 들 수 있고, 서운한 감정이 생겨나기도 한다. 그런 감정 또한 그대로 놔두면 결국 사라지는 법이다. 그렇게 끊길 인연이었나보다고 마음 쓰지 않고 넘어가게 된다. 누구의 탓도 아니고 대단히 속상한 일도 아니다. 괜찮은 일이다. 봄눈이 속절없이 녹아내리듯, 그렇게 사라진 인연일 뿐이다.

"그렇게 사라져버린 인연일 뿐이다."

인연의 힘

♡

 차라리 애매하게 산다. 그렇게 가까운 사이도 먼 사이도 아닌 거리를 유지하면서 지낸다. 충분히 평안하고 조용해서 만족스러운 지금의 삶에 굳이 새로운 사람을 들이려 애쓰지 않는다. 억지로 새롭게 친한 사람을 만들기 위해 노력하지도 않는다. 가족 같은 친구 말고, 딱 친구 같은 친구로만. 친언니 같은 선배 말고, 정말 학교 선배 같은 선배로만 남는다. 구태여 더 가까워지기 위해 노력하는 것은 그다지 의미 없는 노력임을 알았다.

 모든 것이 깊어지는 것에는 시간이 필요하듯, 사람과의 관계도 마찬가지이다. 사람도 관계도 저절로 깊어지게 둔다. 억지로 붙잡아내고, 묶어둔다고 해서 되는 게 아니라 자연스럽게 그 모습 그대로 시간이 쌓이다 보면 어느새 깊어진 사이를 발견하게 된다. 이렇게나 오랜 시간 인연을 이어올 거라고 생각하지 못했던 사람과 막상 지내고 보면 삶의 고민을 나눌 벗이 되어있다.

조금은 어색하고, 그래서 조심스럽고, 절친하다고 말하기에는 애매한 사이로 오래 남는다. 각자의 울타리를 침범하지 않을 만큼 조심성 있게, 친하다는 이유로 함부로 간섭하지 못할 정도의 사이가 편안한 법이다. 가끔 보고, 때때로 연락하고, 어쩌다 한 번씩 꽤 오래 이야기도 하며 관계의 모양이 잘 익어가길 기다린다.

'슴슴한 관계'의 인연들이 참 좋다. 너무 많은 걸 알려고 하지도 않고, 알지도 않고, 단지 지금을 함께 살아가는 동료가 있음에 마음이 따뜻해진다. 열심히 잘 살아가자는 딱딱한 응원이나, 계절에 맞게 옷차림새가 바뀔 즈음에야 간간이 만나는 횟수도 좋다. 자주 마주하지 않고, 수시로 연락하지 않아도 잔잔하고 길게 알아서 이어지는 인연이 편하다. 노력하지 않아도 단단해지는 인연의 힘을 믿는다. 서로를 존중하고 응원하는 마음만 잘 보관하며 살아간다. 다음 계절에 우리 만나자는 약속을 남기며.

"노력하지 않아도 단단해지는 인연의 힘을 믿어."

"자주 마주하지 않아도, 수시로 연락하지 않아도
잔잔하고 길게 알아서 이어지는 인연이 더 편하고 좋은 것 같아."

"그렇게 서로의 관계의 모양이 잘 익어가길 기다릴게. 언제까지나."

삶이 복잡한 것 같아도, 결국은 간단한 일이다.
"행복하거나, 행복에서 멀어지거나."

김 유 은 『행복하거나 행복에서 멀어지거나』 中에서

『3부』

'위로', '응원'에 관하여

어른이 되어가는 과정에서
막상 내려놓으면 편안해지는 것들.

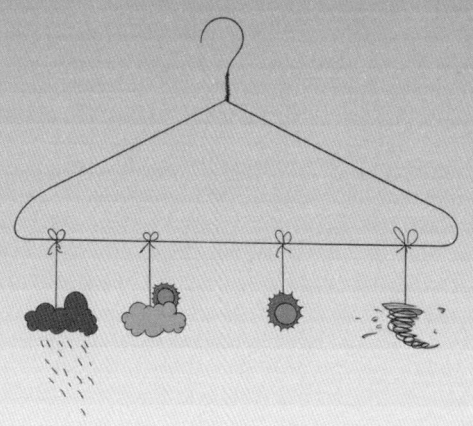

『3부』

'위로', '응원'에 관하여

어른이 되어가는 과정에서
막상 내려놓으면 편안해지는 것들.

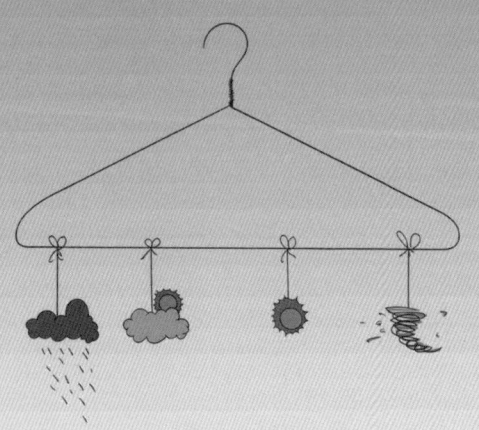

특별한 이유가 없어도 잘 됐으면 좋겠다.

♡

허황된 이야기를 싫어하는 사람이다. 무조건 '잘 될 거야' 같은 말보다는 어떻게 노력해서 잘할 건지부터 걱정하는 게 습관이다. 그래도 내가 좋아하는 사람들에게는 그런 말을 하지 않는다. 마음을 다해 아무 이유 없는 응원을 보낸다. 꼭 잘 될 거라는 소망이 섞인 말을 건넨다. 그냥, 특별한 이유가 없어도 잘 됐으면 좋겠다. 나에게 소중한 사람이 행복했으면 싶으니까.

그저, 당신이 꼭 잘 됐으면 좋겠으니까.

우리,
꽤 잘 살아가고 있다고.

♡

"남들도 다 그렇게 살아."

힘들 때 저 말이 참 듣기 싫었다. 모두가 다 그렇게 산다는 말을 어떤 의도로 했는지도 알고, 무슨 뜻인지도 알 것 같지만, 저 말은 오히려 역효과만 가져왔었다. 다들 그렇게 살아가고 이겨낸다는 현실을 모르는 게 아니었다. 단지 공감과 위로를 바라는 마음에 꺼낸 푸념이었지만, 저 한마디로 인해 철없는 소리나 하는 사람이 된 것 같은 느낌을 받았었다.

힘든 상황에 대해서 무너지지 말고 이겨내라는 의미로 하는 말이겠지만, 아무런 위로가 되어주지 않고, 오히려 더 속상해지곤 했었다. 남들도 똑같이 힘들다는 말이 정작 힘든 상황의 당사자에게는 어떠한 위안도 되어주지 못했다. 남이 그렇게 산다는 게 내가 그렇게 살아야 한다는 합당한 이유가 되어주지도 못했다.

그러다 사람이 가득한 퇴근 시간의 지하철에서 문득 저 말이 떠올랐다. '남들도 다 그렇게 살아.' 내가 타고 있는 지하철 칸 안에는 직장인도 있을 것이고, 나 같은 프리랜서도 있을 것이고, 학생도 있을 것이었다. 우리는 날마다 버티며 소소한 행복에 웃음 지으며 살아가고 있었다. 하고 싶은 일이 있어도 일단 참아내고, 매일매일 하기 싫은 일을 어떻게 해서든 해내고, 주말을 위해 주중의 고단함을 이겨내고, 이 대단하고 어려운 일들을 해낸 것에 대해 그저 당연하다고만 여길 거라는 생각이 들었다. 정말로 우리는 살아감이 닮아 있었다.

다 그렇게 산다는 말이 남들도 그렇게 사니까 참으라는

뜻이 아니라, 나와 비슷한 상황을 겪어낸 사람들처럼 나도 이겨낼 수 있다는 뜻이 아닐까 생각했다. 내가 세상에서 맨 처음으로 겪어내야 할 힘듦이 아니라는 것만으로도 때로는 위로가 되는 법이다. 유난히 쓸쓸하고 서글픈 하루 끝에서, 이런 감정을 먼저 겪어봤을 누군가를 떠올려본다. 얼굴도 모르고 이름도 모르는 누군가도 나와 같은 감정을 느꼈으리라 상상한다. 그 사람은 씩씩하게 털어내고 다시 내일을 걸어갔을 것 같아서, 나도 씩씩하게 일어나 내일을 살아갈 준비를 한다.

보통의 사람인 나는 특출나게 뛰어난 것도 없고, 그다지 내세울 것도 없고, 다만 참는 일과 버티는 일에 능숙하다. 어딘가에 나와 같은 사람들이 있을 거라는 생각에 한편으론 든든하고 내 편이 있는 기분이 들 때도 있다. 다 그렇게 살 듯, 보통 사람인 나도 제법 모든 일을 무던히 넘길 수 있을 것만 같다.

비슷한 어제와 오늘 그리고 내일을 살아내는 게 쉬운 일은 아니다. 가끔 과거로 돌아가고 싶을 만큼 뜻대로 되지 않은 날도, 언제 생겼는지도 모를 생채기를 돌보지 못할 만큼 바빴던 날도, 어느 것 하나 쉽게 넘어가는 날이 없었을 것이다. 괜찮다는 말도 들리지 않을 만큼 지쳤다면, 같이 이겨내 보자고 말해주고 싶다. 다들 그렇게 산다고 하니, 당신도 나도 우리도 언젠가는 정말 괜찮아지지 않겠냐고 꼭 전하고 싶다.

"우리, 꽤 잘 살아가고 있다고."

비슷한 어제와 오늘 그리고 내일을 살아내는 게 쉬운 일은 아니다.
하지만,
늘 그래왔듯 씩씩하게 일어나 내일을 살아갈 준비를 한다.
언젠가는 정말 괜찮아질 날이 올 것이라 믿으며.

별일이 생겼다 해도,
별일 아닌 것처럼.

♡

　세상이 나를 과대평가하고 있는 건 아닌지 의아했었다. 내가 감당하기에는 큰 부딪힘에 덜컥 심장이 주저앉는 느낌이었고, 며칠 밤낮을 앓아야 하는 속상함이 찾아왔었다. 나는 배짱이 큰 사람도 아니고 엄청나게 담대한 사람도 아닌데 감당할 수 있는 양을 훌쩍 넘쳐버리는 일들에 번번이 발목을 잡혔다. 원래 삶은 평탄한 길만 걷는 게 아니라는 말을 실감했다. 내일이 반갑지 않았다. 어차피 똑같을 하루, 그렇게 지나쳐서 흘러갈 하루였다. 별것 아닌 일에도 서글퍼졌다. 의연하고 싶은 마음과 달리 물렁거리게 변한 마음이 답답했다.

남편과 드라이브를 하러 갔었다. 경기도 외곽으로 빠져서 인적이 드문 도로를 달리다 보니 한적한 마을이 있었다. 조용하고 소담한 마을 근처에 신기하게 카페가 있었다. 이곳에 카페가 있다는 게 신기해서 카페 안으로 들어갔었다. 노부부가 운영하는 곳이었다. 손님은 우리밖에 없었고, 기분 좋은 커피 향이 풍겼다. 주문한 커피를 다 마실 즈음에 사장님 부부가 테이블 근처로 다가왔다. 자신들이 즐겨 마시는 차를 보여줬다. 그걸 한 잔씩 대접하고 싶다고 했고, 예쁜 찻잔에 은은한 향기의 차가 담겨 우리 앞에 놓였다. 우리에게 왜 젊은 사람이 여기까지 왔냐며, 자신들을 소개해줬다. 카페를 운영하게 된 계기며, 살아오며 마주했던 일들을 재밌게 풀어낸 이야기였다.

찻잔의 바닥이 보일 즈음에, 여자 사장님이 우리를 보며 말했다.

"내 나이가 일흔다섯이에요. 아직 나는 세상을 잘 모르겠고, 사는 게 어려워요. 그래도 분명히 알게 된 건 막상 살아보니까 세상은 원래 어려운 거고, 생의 굴곡마다 오히려 별일 아니라는 듯 버텨야 한다는 거예요."

남편과 차를 타고 다시 집으로 돌아오는 길에, 그녀의 말이 가슴에서 오래 맴돌았다. 사는 건 원래 어려운 일이라는 걸 알았으면서도, 왜 내 삶은 덜 어렵고 편안한 길로 가주기를 바랐던 건지 싶었다. 일이 조금 그르쳐질 것 같거나 불안해지면 내 삶의 축이 통째로 흔들리는 기분이었다. 그 이유가 아직 살아감의 경험이 부족해서라고 막연히 생각했었다. 더 살아보면 나도 의연해지겠지, 더 많이 경험해보면 나아지겠지 싶었는데 어쩌면 그것 또한 나의 착각 중 하나였다. 더 긴 시간을 살아내고, 비교할 수 없을 정도의 많은 경험을 해본 분에게도 삶은 여전히 어려운 일이었다.

어렵지 않길 바라는 것 자체가 오만이라는 생각이 들었다. 지금 내가 조금 힘들다고 혼자서 세상의 모든 힘듦을 다 끌어안은 것처럼 생각했던 게 잘못이었다. 나만 힘들다는 생각을 버렸다. 힘들다고 움츠러든 채 숨어있을 게 아니라, 오히려 담대하게 맞서야 한다는 걸 알 것 같았다. 언제나 최선을 다해 살아가는 게 내가 할 일이다. 못할 것 같았던 일도 막상 해보면 끝까지 해냈고, 멈추고 싶을 때

한 발자국씩 움직여 결국은 도착지점까지 걸어갔었다. 앞으로도 마찬가지일 것이다. 쉬운 일은 없고, 편안한 길도 없다. 지난날에 왜 이런 선택을 했냐며 과거의 나를 미워할 수도 있고, 아무리 빨리 가려고 해봐도 좀처럼 속도가 나지 않아서 풀이 죽을 수도 있다. 그래도 열심히 살아낼 것이고 설령 별일이 생겼다 해도 별일 아닌 것처럼 버텨낼 것이다. 아무리 어렵다고 해도, 더없이 귀중한 나의 삶이니까.

쉬운 일도 없고, 편안한 길도 없다.
그러니,
별일이 생겼다 해도 별일 아닌 것처럼 버텨낼 것이다.

'괜찮음'으로
　　　가득 채워질 때까지

♡

 괜찮아 그럴 수도 있지. 괜찮아 실수할 수도 있지. 괜찮아 넘어질 수도 있지. 괜찮아, 괜찮아. 수도 없이 되뇌었던 말이 아무런 힘없이 바스러지는 순간이 있다.

 의지로 할 수 있는 일이 있고, 의지와는 다르게 뜻대로 되지 않는 일도 있다. 마음이 당장이라도 괜찮아지면 싶고, 아무렇지 않게 툭툭 털고 일어나고 싶지만 그게 안 되는 날이 문득 한 번씩 찾아오기도 한다. 괜찮지 않다는 것이 크게 잘못된 일도 아니고, 빨리 사라지게 만들어야 하는 감정도 아니다.

괜찮지 않아도 괜찮다는 걸 알면서도, 조바심에 다그치는 건 정작 나 자신이 될 때가 많다. 괜찮아지려 애를 쓰는 사람의 모습을 볼 때면 마음이 뭉클해질 때가 있다. 한 걸음이라도 더 나아가려고, 조금이라도 서둘러 올라가려고 자신을 오히려 타박하기도 한다.

 어설피 괜찮아지는 것보다 깊은 내면에서부터 괜찮아질 때까지 조금 시간을 줘도 좋다. 무기력은 시간이 흐르면 자연스레 잦아들게 되고, 불안함을 불러일으키는 걱정도 휘발되곤 한다. 괜찮아지는 일마저 급하게 하지 않았으면 좋겠다. 다시 괜찮다는 말이 또렷하게 가슴에 맺혀 힘이 되어줄 때까지 자신을 도닥여주면 된다. 밀도 있게 천천히 당신의 마음이 '괜찮음'으로 가득 채워질 때까지.

마음이 '괜찮음'으로 가득 채워질 때까지.

꿈

(실현하고 싶은 희망이나 이상)

♡

 내가 꿈꿨던 삶의 모양이 있었다. 꽤 유명한 작가가 되어서, 발길이 닿는 곳으로 가볍게 여행을 다니고, 어디서든 노트북 하나만 있다면 작품을 집필할 수 있는 삶을 살고 싶었다. 항상 글감이 될 소재가 중요하기에, 많은 것을 보고 느끼고, 또 다양한 사람들을 만나며, 그들로부터 영감을 받으며 항상 새로움에 대해 창작하는 사람이길 바랐다. 그게 꿈이었던 것 같은데, 사실 내 삶은 그렇지 않다.

 소재가 될 만한 것이 무엇이 있을지 생각하느라 매일이

전쟁 같다. 남편과 가보기로 약속한 맛집이며 카페는 쌓여만 가는데, 둘 다 바쁜 탓에 좀처럼 시간을 낼 수 없다. 훌쩍 떠나는 여행은 꿈도 꾸지 못한다. 결혼 전에 다른 딸들은 엄마와 단둘이 여행 가는 추억을 만든다길래, 이미 결혼했어도 우리 엄마에게 해주고 싶었다. 진작부터 생각만 해놓고 아직 여행지를 찾아보지도 않았다. 새로운 사람들을 만나는 시간은 당연하고, 지인들과 쓸데없는 연락을 하는 시간도 아까워서 아예 핸드폰도 무음모드로 바꾼 채 원고 작업만 몰두하면서 산다. 나의 세상은 책상 위가 전부이다. 하루 중에서 가장 많이 보는 것은 내 노트북이 놓인 뒤편의 회색 벽이다.

그래도 언제나 감사하다. 좋아하는 일, 하고 싶은 일을 하면서 산다는 것 하나만으로도 충분히 행복하고 감사한 날들이다. 사실 누구나 꿈과 현실의 괴리는 크다. 꿈처럼 살아갈 수만 있다면 누가 삶이 힘들다고 그랬을까. 다 가슴에 이루고 싶은 무언가를 품고 살아가는 것 같다. 당장 지금은 아니더라도 '언젠가'라는 단어를 붙여 그 희망이 삶의 원동력이 되어주기도 한다.

삶이 너무 빠르다고 생각할 때가 많다. 작년이 올해 같고, 또 내년은 금방 다가올 것처럼만 느껴진다. 빠르게 흘러가는 시간 속에서 그래도 우리는 다음을 꿈꾸고, 어딘가에 꼭꼭 숨겨놓은 자신만의 꿈을 들여다보며 살아감의 시간을 위로받는 것이다

 글이 잘 떠오르지 않을 수도 있고, 무엇을 어떻게 써야 할지 막연해지는 날이 온다면 나는 과감하게 작가라는 직업을 포기할 것이다. 글이라는 건 함부로 쓸 수 없고, 허투루 만질 수 있는 게 아니라는 걸 잘 알기 때문이다. 필자의 감정선을 따라가고, 살아감이 녹아드는 게 글이다. 그런 존재를 다루는 직업이기에 어쩌면 작가로서 은퇴하는 시기가 생각보다 빨리 올 수도 있겠다는 생각을 한 적도 있다. 너무 늦어버리면 글을 쓰지 못하는 나에게는 해당되지 않을 꿈일 테니, 늦지 않게 이룰 수 있도록 더 열심히 살아가고 있다.

 저마다의 크고 작은 자기만의 꿈을 품고 살아도, 감춰둔 꿈보다 중요한 게 너무 많다. 책임져야 할 것도, 해야 할

것도 많은 시간 속을 걷는다. 나만 생각할 수 없고, 내 힘듦은 두 번째로 미뤄두고, 일단 살아내는 일에 최대한으로 집중한다. 그렇게 살아가다 보면 어느 날 마냥 꿈이었던 그 일이 현실이 되어 있을지도 모른다.

꿈과는 동떨어진 하루를 보내고 있어도, 그게 마냥 힘들기만 하거나 싫지 않은 이유는 그만큼 지금이라는 일상도 더없이 소중하기 때문이다. 쉴 새 없이 달려온 지난날들이 있었기에 오늘이 있음을 알고, 내일이 불안하지 않을 수 있다는 걸 알고 있다. 잘 버텨준 당신에게 더없이 고마울 따름이다. 현실에 발 붙이고 뛰어가는 건 무엇보다 힘든 일이다. 가장 힘든 일을 의연하게 해내고 있는 당신을 응원한다. 그리고 언젠가 현실이 될 당신의 꿈도.

살아감에 있어서 아무것도 확답하지 않는다.

♀

 미용실에서 새치염색을 추천받았다. 원래는 남편이 해주던 일이었다. 새치가 몇 가닥뿐일 때는 밝은 곳에서 뽑아줬고, 그 개수가 두 배 정도 늘어났을 때는 새치들을 두피 가깝게 가위로 잘라줬었다. 몇 개월 새에 새치의 개수가 갑자기 늘어난 탓에, 미용사 선생님이 염색을 추천해준 것이다. 시간이 흘러감이 만들어내는 신체적인 변화가 아직은 신기한 기분으로 다가온다. 조금씩 나이 들어간다는 걸 체감할 때면 낯선 기분이 드는 건 어쩔 수가 없다.

 노화의 흔적들을 자연스럽게 받아들이는 중이다. 얼마 전부터는 얼굴에 바르는 화장품 개수를 줄였다. 스킨, 로

션, 에센스, 영양 크림, 아이크림 차곡차곡 정성껏 발랐던 제품들을 더는 구매하지 않는다. 대신에 남편과 함께 쓰는 토너 한 병과 보습 크림 한 가지만 바르고 있다. 내가 웃는 모양대로 새겨진 눈가 주름에 크게 연연하지 않게 되었다. 웃을 때 생기는 주름이 자리 잡았다는 것은, 하루 중에서 웃고 있는 시간이 더 많다는 꽤 다정한 뜻인 것 같아서 마음에 들었다. 30대가 되었을 때 괜스레 더 좋았다. 내 삶도 더 깊어지겠구나 싶었던 마음에 흐뭇했던 것 같다. 겪어봐야지 알게 되는 크고 작은 변칙과 그것을 넘어가는 삶의 방법들을 더 알고 싶었다.

생각해보면 어리다는 게 나에게 콤플렉스였던 적이 있었다. 나이가 어리다는 이유로 무언가를 말하기가 조심스러웠다. 아직 덜 살아봐서 그런다고 할까 봐, 혹은 경솔한 생각이라 칭해질까 봐 내 생각을 말하거나 글을 쓸 때도 눈치가 보였다. 막상 살아보니 10대의 나와 20대의 나와 30대의 나는 외모 말고는 그다지 다른 점이 없다. 나이를 조금 더 먹었다고 해서 변하는 건 크게 없었다. 내가 경험해보지 않은 일에 대해서는 언제나 언행을 조심하지만, 내가 아직 덜 살아봤다는 이유만으로 생각을 표현하는 데 있어서 더는 눈치 보지 않는다.

대부분의 독자님들은 아무리 본인의 나이가 나보다 훨씬 많은 편이어도 창작자로서의 나를 존중해주셨다. 공감되는 이야기는 고개를 끄덕여주셨고, 내가 살아가는 지금의 이야기에는 재미있어하시며 들어주셨다. 언제나 귀 기울여주시는 게 글 쓰는 사람에게는 얼마나 감사하고 큰 힘이 되는지 모른다. 그러다 아주 가끔 비평이 아닌 비난을 하는 나이 많은 독자님을 만날 때도 있다. 나에게 얼마나 살아봤다고 좋고 나쁨을 말하고, 옛날부터 그렇게 살아왔던 일을 가지고 왜 불편하다 하냐며, 어린 사람은 모를 거라며 무시하는 태도는 불편했었다. 어른다운 어른도 많지만, 사실 이렇게 어른답지 않은 어른들도 분명히 존재했었다.

모든 작가들에게 자신의 글은 더없이 소중하다. 소중하다는 말로 다 표현하지 못할 정도의 애착을 갖게 되는 존재가 자신의 글이다. 예전에 글을 쓸 때는 쓸데없는 눈치를 봤고, 굳이 고려하지 않아도 될 것들까지 고려하며 글을 썼었다. 글을 쓰는 사람은 독자님들 말고는 사실 신경 쓸 게 아무것도 없어야 한다. 나의 글에 생명력을 넣어주는 사람은 오직 독자뿐이다. 그걸 알면서도 예전의 나는 내 생각을 욕심껏 담지 못했던 것을 반성한다.

꼭 책이 아니라 하더라도 많은 사람들은 자신의 생각이나 의견을 교류하며 살아간다. 나도 언젠가는 지금보다 훨씬 많은 나이를 먹은 어른이 되어있을 것이다. 그때가 되어서 젊은 친구들의 생각을 듣거나 읽게 된다면, 내 글을 언제나 응원해주고 공감해주던 독자님들을 닮은 어른이 되어있고 싶다. 젊은 사람의 생각이라고 묵살하려 하지 않고, 가벼이 여기지 않고, 사람과 사람으로 생각을 나누는 지혜를 갖추고 싶다.

나이가 드는 것은 자연스럽게 이루어지는 일이지만, 그 나이에 맞게 나의 지식이나 인격이 저절로 높아지는 것은 아니라는 걸 잘 알고 있다. 언제나 공부하고, 사유하며 나이 들어가고 싶다. 조금 더 살아봤다는 걸 무기로 쓰지 않고, 원래 그랬다는 말을 근거로 삼지 않는, 지금이라는 시간을 살아가는 사람이 되어야 함을 잊지 않는다.

 만약 나이가 들어서도 내가 글을 쓰고 읽는 일을 하고 있다면, 어떤 글을 쓰고 있을지 상상해봤다. 지금과 별로 다를 것은 없을 것 같다. 다만 지금의 나는 경험해보지 못했을 이야기들을 담고 있을 것이다. 살아감에 있어서 아무것도 확답하지 않는다. 무슨 일을 하고 있을지조차 가늠할 수는 없지만, 그래도 감히 분명하다 믿는 건 지금과 비슷한 눈물 많고 웃음 많은 할머니일 것 같다는 사실이다.

언제나 공부하고, 사유하며 나이 들어가고 싶다.
조금 더 살아봤다는 걸 무기로 쓰지 않고,
원래 그랬다는 말을 근거로 삼지 않는,
지금이라는 시간을 살아가는 그런 어른으로.

선물 같은 사람

♡

 나를 좋게 표현하자면 무심한 사람이고, 나쁘게 표현하면 남에 대해서 관심이 없는 사람이다. 어린 나이에 인간관계에 대해서 호되게 당한 뒤로는 친구에 대한 정의가 완전히 달라진 탓이었다. 친구에 대해서 거창한 의의를 부여하지 않았다. 그저 같이 밥 먹고, 시간 보내는 존재였다. 그 이상도 그 이하도 아니었고, 혼자 보내는 시간이 지루해질 때 함께하는 사람. 딱 그 정도가 나에게는 친구였다. 물론 이런 나에게 고맙게도 우정이 무엇인지 꾸준하게 인간애적인 사랑으로 보여주는 이들이 있기에 우정이 무엇인지 알며 살아가지만, 그 몇 명을 제외하고는 사람에게 아무런 관심이 없었다.

자발적으로 사람의 인연에 대해서 꽉 쥐고 있으려 하지도 않고, 흘러가도록 언제나 힘을 풀고 있는 사람이었다. 사람 때문에 더는 다치고 싶지 않을 만큼 지친 상태였다. 혼자서 너무 잘 살아가고 행복한데, 굳이 내 삶에 또 다른 이를 끌어들이는 것은 피곤하게만 느껴졌었다. 그랬던 나의 삶에 예상치 못하게 나타난 사람이 지금의 내 남편이었다. 취미도 다르고, 전공도 정반대였고, 성격도 달랐다. 아직도 그를 처음 만난 날이 생생하게 기억이 나는데, 미용실에 갈 시간도 없을 만큼 바쁜 그가 짬을 내어 내가 살던 곳 근처로 달려온 것이었다. 사업가라는 단어를 떠올리면 머릿속에 갖고 있었던 이상한 이미지가 있었다. 빚은 많으면서 리스로 외제 차를 꾸역꾸역 몰고 다니고, 허세 가득한 그런 이미지를 떠올리며 거북해했던 것 같다. 금요일 저녁, 처음 인사하게 된 사업가는 내 상상과 전혀 달랐다. 헝클어진 머리카락과 살짝 구겨져 있던 그의 슈트가 이번 한 주도 얼마나 고됐는지를 보여주는 것 같았다.

내가 본 사람 중에서 그는 제일 바빴다. 매일 아침 6시가 되기 전이면 일어났고, 직원들보다 이르게 출근해서 가장 늦게 퇴근했다. 하루를 남들의 2배처럼 사용하는 사람이었다. 그는 나와 연애할 때 그런 바쁜 와중에도 짬이 날 때마다, 아니면 시간을 만들어서라도 연락을 했다. 내가 자고 있을 시간이어도 일어났다는 아침 인사와 출근한다는 메시지를 꼭 보내놨다. 출근했고, 점심은 무엇을 먹었고, 오후에는 어떤 회의가 있어서 바쁠 것 같고, 일이 너무 많아서 힘들고, 보고 싶다는 이야기를 나눴다. 그의 퇴근길이면 늘 전화가 왔다. 보통의 사람들이 살아가는 이야기여도 그의 이야기라면 나에게는 무엇이든 즐거웠다. 사실 그와 연애가 행복하면서도 불안했었다. 이렇게 처음에 완벽하게 잘해주다가 결국에 나중이 되면 변하겠지, 미리 걱정했고 그렇게 변할까 봐 무서웠었다.

이 남자는 자꾸 기대하게 만들었다. 어쩌면 변하지 않는 사람일 것이라는 기대감을 갖게 했다. 실망할까 봐 두려웠고 불안했다. 사랑은 종종 쓸데없는 불안을 동반하는 것이었다. 불안감이 나에게도 찾아왔다. 이렇게 행복하다가 싸늘하게 변해버리면 얼마나 내가 슬퍼해야 할지 엄두도 나지 않았다. 불안감을 억누르며 괜찮을 거라 혼자 다독이며 우리의 시간은 흘러갔다. 1년이 지나고 2년이 지나가고, 더 많은 시간이 흐르면서도 그는 단 한 번도 변하지 않았다. 한결같은 사람이었다. 연락 문제, 술자리 문제, 여자 문제 같은 걸로 마음이 쓰여본 적이 한 번도 없었다. 언제나 처음과 같은 남자였고, 내가 불안할 일을 애초에 만들지 않는 사람이었다.

그리고 남편이 된 지금도 그는 연애 처음과 똑같다. 내가 몸이 안 좋아서 혼자서 먼저 잠든 날이면, 결혼한 지 꽤 지났는데도 자기가 잠들 때 귀여운 메시지를 보내놓는다. 혼자 심심했던 밤이었다며 자고 있는 내 모습을 사진 찍어 보내놓기도 한다. 그에게 달라진 점이라면, 할 줄 아는 요리가 늘었다는 것뿐이다. 결혼 초에는 김치볶음밥이나 라면밖에 할 줄 몰랐던 그가 이제는 웬만한 것들을 척척 해낸다. 얼마 전에는 글 쓰면서 간식으로 먹으라면서 마늘빵을 만들어줄 정도로 그는 요리도 잘한다.

사람에 미련이 없고, 누군가와 함께하는 것에 큰 의미를 두지 못하고, 어떤 관계에 대해서 깊게 생각하지 않으려고 했던 게 다 이 남자를 만나기 위함이 아니었을까 생각한다. 아파봤고, 남이 겪지 않을 힘듦도 겪어봤으니 선물 같은 사람이 내 앞에 나타났을 때 알아볼 수 있었던 것 같다. 가끔 남편을 보고 있노라면 신기할 때가 많다. 살아갈 날들 동안 가장 친한 내 친구이자 인생의 동반자가 이 사람이라는 게 참 신기하다.

둘이서 재밌게 살아가고 싶다. 아이가 생겨도, 다 키우고 나면 결국은 부부밖에 남지 않는다고 한다. 자식은 당연히 제 나이가 되면 독립을 하는 것이니, 둥지를 떠날 아이를 잘 배웅해주고 나면 다시 오롯이 둘의 시간일 것이다. 둘이 시작해서, 다시 둘이 남는 시간까지, 빼곡히 행복하게 사랑하며 살아가야겠다. 먼 훗날 더 사랑하지 못했음을 아쉬워하지 않도록.

살아감의 선택

♡

 남들이 가는 길이기에 안전할 거라 생각했던 길이 허무하게도 내 앞에서 엉망이 되어버리는 경우도 있다. 다른 사람들이 하는 게 훨씬 안전하고 편할 거라는 건 착각이었다. 예상할 수 없는 일들이 발생할 때면, 대체 어떤 선택을 해야 나도 편안해질 수 있는지 마냥 서러웠던 적도 있었다.

 줄지어서 대다수 사람이 가는 길도 가보고, 나만의 길을 찾겠다며 혼자서 숲길을 지나오기도 해봤다. 넓게 잘 포장된 도로에도 군데군데 파인 곳이 있고, 어디서 온 건지 모를 돌덩이들도 있었다. 생각했던 것처럼 평탄한 길은 아니었다. 혼자서 떠나온 숲길도 마찬가지였다. 흙 때문에 신발이 금방 더러워지기 일쑤였고, 주변의 예쁜 풍경을 감상하기에는 피해야 할 장애물들이 너무 많았다. 어설피 추측하고 예상했던 것들과는 전혀 다른 것들을 겪어야 했었다.

어느 길이 더 어렵고, 더 쉬운 길은 없었다. 그 길의 끝에 다다랐을 때 마주하게 되는 모습이 다를 뿐이었다. 애초에 선택의 기준을 더 편안한 걸 찾겠다고 하는 게 잘못이었을지도 모르겠다. 나만 잘 풀리지 않은 인생인 게 아니라, 나에게 덜컥 찾아온 어려움이었던 것이다.

무슨 선택을 하더라도 마냥 쉬운 일은 없다. 내가 좋아서 하는 일인 글을 쓰면서도 일 년이면 몇 번씩 좌절하는지 모른다. 다 각자의 어려움과 고난을 마주치고, 그것을 해결하고, 뛰어넘어가며 살아가는 것 같다. 어떤 일이 있을지, 그 길의 끝에는 무엇이 있을지 아무도 모르는 게 살아감의 선택이다. 그러니 남들이 한다고 해서 고를 것도 아니고, 남이 말린다고 해서 가지 말아야 하는 것도 아니다.

어떤 곳을 간다고 하더라도 결국에 걸어내면 그곳은 길이 된다. 걷지 못할 길은 없고, 건너지 못할 강은 없다. 가면 되는 것이다. 용감하게 삶의 발자국을 만들어 나아갈 당신의 내일을 기대했으면 좋겠다. 두려워하지 말고, 넘어질까 봐 먼저 겁먹지 말고, 차근차근 잘 걸어갈 당신을 응원한다.

어느 길이 더 어렵고, 더 쉬운 길은 없었다.
그 길의 끝에 다다랐을 때 마주하게 되는 모습이 다를 뿐이었다.

어떤 일이 있을지, 그 길의 끝에는 무엇이 있을지,
아무도 모르는 게 살아감의 선택이었다.

빨리 갈 필요는 없어

♡

 남편의 생일날은 우리 부부의 코로나 백신 2차 접종 일이었다. 접종 날짜를 미루거나 당길 수 있다고 해서 다른 날짜로 잡아보려다가, 정해진 날짜에 백신을 접종하고 싶다는 남편의 의견을 존중하기로 했다. 백신 접종 날이자 남편의 생일날, 조금 일찍 일어나 미역국을 끓이고 간소한 생일상을 준비했다. 사실은 원래 계획에 없던 일이었지만, 부지런히 움직여서 음식을 준비했다. 남편이 말하길 집안 분위기가 생일을 크게 챙기지 않고 큰 의미를 두지 않고 지냈다며, 자신은 생일이라고 특별하게 뭘 하는 게 오히려 불편하다고 그랬다. 그래서 남편의 이전 생일에도 집에서 맛있는 음식을 먹으며 조용히 넘어갔지만, 이번 생일은 마음이 쓰였다. 그래도 특별한 날인데 백신 맞느라 그가 좋아하는 술 한 잔도 못 마시고 얌전히 누워있어야 한다는 게 속상했다. 그는 평소에 좋아하지도 않던 미역국을 한 그릇 가득 담긴 양이었는데도 다 먹었다. 거창한 요리는 없었어도 뿌듯한 생일파티였다.

둘 다 바쁜 부부의 삶에서 백신 접종은 뭔가 합법적인 휴가를 받은 기분이었다. 집 근처 병원에서 백신을 맞고 돌아온 우리는 소파에 나란히 앉아 평소에는 누리지 못했던 한가로움을 만끽했다. 이렇게 누워만 있는 생일도 나쁘지 않은 것 같다며 남편에게 장난쳤다. 쉼 없이 달려온 우리에게 모처럼의 휴식이었다. 과부하가 걸리기 전에 찾아온 쉬는 시간은 안온함을 선물해줬다. 자주 여행을 다니고, 주기적으로 쉬자고 약속은 하지만 그게 생각처럼 쉬운 일은 아니다. 나도 남편도 일단 일부터 먼저 하는 성격이다. 놀고, 쉬는 것은 언제든 할 수 있는 일이라는 생각 때문에 자꾸 미루게 된다. 일은 해야 할 때를 놓치면 안 된다는 생각에 더 몰아붙이듯 하게 되는 것이다. 모든 직장인들과 프리랜서들이 그러하듯, 지금 일하지 않으면 아무도 다음 달 월급을 주는 곳이 없다는 사실이 쉬는 것을 포기하게 했다. 그 탓에 우리 부부의 몸은 이곳저곳 안 아픈 곳이 없다. 건강검진을 하러 가야 한다는 걸 알면서도 그것마저도 한가해지면 가자고 미루기만 할 뿐이었다.

쉬는 건 참 좋았다. 그냥 널브러져 있어도 되고, 무언갈 손에서 잡고 있지 않고, 신경 쓸 일이 없다는 게 편안했다. 마음만 먹으면 이렇게 편안해질 수 있는 것이었는데, 그동안 왜 그리도 불안해하면서 무엇이든지 다 쥐고 살려고만 했는지 싶었다. 빽빽한 일상이 사실 버거웠던 모양인지 오랜만에 초저녁부터 잠이 들어서 다음 날 아침이 돼서야 일어났다. 백신을 맞은 탓에 몸살 기운은 있었지만, 푹 쉰 덕분에 머리는 더 맑아진 것 같았다.

휴식은 게으름이 아니라는 걸 안다. 설령 조금 게으름을 부려도 괜찮다는 것도 안다. 그러나 그걸 머리로는 알아도 행동으로 옮겨지지 않는 이유는 뒤처질지 모르는 두려움 때문이다. 뭐라도 되지 못하면 어쩌지라는 걱정이 가만히 멈춰서 잠시 쉬어가는 시간을 포기하게 만든다. 막상 살아보면 짧은 시간 안에 뭐가 되는 일은 거의 불가능에 가깝다. 그런데도 조급해하고, 앞서있는 무언가를 따라잡으려고만 한다. 무슨 일이든지 그 분야의 일을 빨리하는 것보다 더 영향력이 있는 것은 오래 해나가는 것이다. 서둘러서 뛰어가다가 금세 지쳐서 다른 방향으로 틀어버리는 경우가 더러 발생한다. 한 방향으로 꾸준히 나아가는 게 가장 중요한 일이다. 오래 가려면 지치지 않도록 내가 나를 함부로 대하지 않는 것부터가 우선되어야 한다는 걸 잊지 않을 것이다.

예정된 원고 작업이 마무리되면, 얼마간은 게으르게 살아볼 예정이다. 강연들도 더 즐겁고 가벼운 마음으로 다니고, 남편과 반려견 크림이와 함께 여행도 떠나고, 보고 싶었던 미술 전시회도 가고, 만나고 싶었던 친구들도 만나면서 말이다. 일하지 않고, 긴장하지 않고, 내가 나답게 편안할 수 있는 시간이 중요하다는 걸 다시금 깨달았다.

오지 않는 미래를 함부로 상상하고 걱정하며 지금을 억압하지 않기로 했다. 내가 할 수 있는 최선의 오늘을 살기 위해서 최선의 노력은 하겠지만, 무리한 노력은 하지 않아도 된다. 언제나 지금을 확인하며 살아가야 한다. 내가 서 있는 곳의 위치와 함께 나의 전반적인 상태를 자주 살피는 게 필요하다. 습관처럼 계획을 세우려 할지 모르고, 또 계획을 이루겠다고 내 체력과는 맞지 않는 속도로 뛰어갈지도 모른다. 그러면 다시 나를 붙잡아내고 푹 쉬도록 멈추게 해주면 된다. 빨리 갈 필요는 없다. 오래 가면 되는 것이니까.

충분한 행복

♡

무슨 행동을 할 것인지 다 알 것 같은 수줍은 얼굴과 어설프게 몸 뒤에 숨겨놓은 꽃다발. 내가 좋아하는 노란 장미를 사 왔구나 싶은 은은하게 풍기는 장미 향. 떨리는 표정으로 건네받은 소담한 장미 꽃다발. 쭈뼛쭈뼛 재킷 안주머니에서 꺼내는 편지 봉투. 편지는 처음 써봤다면서 자신의 글씨가 부끄럽다고 투덜대는 입매. 고심하며 골랐을 편지지에 담긴 짧지도 길지도 않은 마음을 담은 글자들. 잘 살아가고 있다고, 앞으로도 잘 살아낼 거라는 무엇보다 커다란 응원. 그것만으로도 충분한 행복.

당신이 기댈 수 있는 글

♡

 기대고 싶은 말 한마디에 기대어 산다. 말이 가진 힘이 너무 커서 때로는 모든 것을 무너뜨릴 만큼 나락으로 사람을 몰고 갈 때도 있고, 반대로 무너질 것 같은 사람을 붙잡아내서 쓰러지지 않도록 하는 존재가 되기도 한다. 누군가 나에게 왜 글을 쓰냐고 묻는다면, 지독히도 서러운 순간에 위로할 말을 쓰고 싶어서라고 답할 것이다.

 예쁜 말만 모아다가 쓴다고 해서 그걸 읽는 사람의 마음에 꽃이 피지 않는다는 걸 알고, 멋진 문장으로만 채운 글이라고 해서 그게 독자들에게 용기가 되어주지 않는다는 걸 안다. 공감이라는 감정이 빠져있는 글자들은 그저 글자들의 모음에 지나지 않는다. 살아가며 내가 기대었던 문장과 말들은 그다지 예쁜 말도 멋진 문장도 아니었다. 일상의 단어들을 모아다 진심 어린 마음으로 뭉쳐놓은 말이 나에게 큰 위로가 되어줬었다. 작가가 된 후로 모든 글을 쓸 때면 여러 고민에 빠진다. 살아감의 앞면만 보여주듯이 세상은 언제나 예쁘고, 사람들은 전부 착하고 좋기만 하고, 나쁜 일은 거의 없을 거라고 글을 쓰는 게 맞을까. 아니면 어차피 알게 될, 혹은 이미 겪었을지 모르는 뒷면의 모습을 솔직하게 말하는 게 맞을까.

나는 후자를 택했다. 내가 전공서나 수험서를 사기 위함이 아니라 뭐라도 위로받고 싶어서 에세이 코너를 갔을 때의 심정을 누구보다 잘 알고 있기 때문이다. 이렇게까지 삶이 꼬일 수 있을까 싶었던 날에 문득 서점을 찾았다. 에세이 베스트셀러들이 진열된 곳 앞에 서서 이런 나를 붙잡아줄 문장을 뒤적거렸다. 봄꽃이 휘날리기만 하는 간질거리던 내용이 나에게 무얼 말하려는 지 알 수 없었다. 마냥 행복하면 좋겠다는 짧은 글귀가 되려 허망할 뿐이었다. 나의 세상은 이렇게 간단한 문제가 아닌데, 막연히 힘내라는 말로 힘이 날 수가 없었다.

어떻게 항상 마음이 말짱할 수만 있을까. 딱딱하게 굳을 때도 있고, 어딘가 베인 듯 쓰라릴 때도 있다. 먹먹하고 복잡했던 심정을 겪어냈던 건 지금의 나에게 큰 자산이 되어줬다고 생각한다. 엉망인 감정을 부둥켜안고 살아봤기에, 나와 비슷한 누군가를 위한 글자들을 써 내려갈 수 있다. 언제나 맑은 날만 있지 않다는 게 우리가 사는 세상이라는 걸 알았고, 어두운 날들의 그늘진 날에서도 막상 살아보면 살아낼 수 있다는 걸 알아서 다행이었다. 특별히 잘난 것은 없고, 치열하게 노력해본 시간은 길고, 그렇다고 해서 해피엔딩만 봐본 게 아니었던 나는 살아가며 필요한 응원과 위로가 뭔지 조금은 알 수 있었다.

거창한 성공담은 없어도, 무너질 것 같았던 시간을 버텨냈던 이야기는 있다. 나를 위해서라면 모든 것을 다 해줄 벗은 없었어도, 배신한 친구에게 받은 상처를 아물게 했던 기억은 있다. 좋은 말만 해주는 좋은 사람들만 만나보지 못했어도, 나를 은근히 무시하고 무례하게 구는 사람들을 대처해본 경험도 있다. 그 당시에는 참 아팠던 일들인데, 막상 지나고 보니 몇 줄의 문장으로 정리될 만큼 시간이 흘렸다. 그리고 나도 단단해졌다.

 당신이 기댈 수 있는 글을 써 내려 가본다. 아마 힘든 상황은 쉽게 반전되지 않을 것이고, 갑자기 찾아온 무력감은 쉽게 사라지지 않을 것이다. 그럼에도 당신이 무너지지는 않게끔 이 글자들에게 기대어 버텨냈으면 좋겠다. 단단하게 서 있는 글자들을 붙잡고 언젠가 툭툭 털어내고 다시 일어나 걸어내면 좋겠다.

따스한 사랑을 가르쳐 줬으니

♡

　배 아파서 낳은 생명이 소중하듯 가슴으로 낳은 생명 또한 소중하기에, 반려견 크림이를 볼 때면 애틋한 마음이 들 때가 많다. 선천적으로 다리가 안 좋은 아이였다. 어떤 병원에서는 무조건 수술을 하라고 나와 남편에게 겁을 주며 당장 수술 날짜를 잡으라고 종용했다. 또 다른 병원에서는 선천적으로 아픈 다리를 수술로 완치할 수는 없다며 꾸준한 재활을 추천했다. 우리 부부가 선택한 것은 재활이었다. 강아지 관절에 좋다는 온갖 영양제를 다 찾아보고, 크림이에게 가장 적합한 영양제를 먹였다. 다리 마사지 그리고 훈련과 놀이를 통해, 할 수 있는 다리운동을 끊임없이 배우고 또 연습했었다.

뛸 때는 당연하고, 조금만 빨리 걸어도 한쪽 뒷다리를 절었었다. 딱딱한 곳에서 오래 산책하는 것은 오히려 크림이 다리에 좋지 않다고 해서, 산책하다가 자주 안아주기를 반복했더니 오히려 강아지에게 나쁜 습관이 생긴 것이다. 어느 날부터는 산책하다 지나가는 사람들을 보고 짖기도 했고, 큰 강아지를 보면 온 힘을 다해 짖었다. 다리 상태가 호전된 만큼 고쳐야 할 문제가 하나 더 생기게 된 것이다. 반려견을 키운다는 것은 절대 쉬운 일이 아니었다.

그러다 우연히 크림이의 선생님을 만나게 됐었다. 크림이의 미용 선생님이었다. 그녀는 동물 보건의료를 전공한 덕분에 우리가 알지 못하고 넘어갈 세세한 부분까지 설명해주었다. 레오, 리온이, 리아, 푸들 세 마리의 엄마이기도 한 선생님은 크림이의 문제 행동들을 바로바로 집어내고, 교정해주었다. 초보 엄마인 나에게 크림이에게 무슨 문제가 생긴 것 같으면 언제든 연락하라는 다정한 선생님의 말이 얼마나 든든했는지 모른다. 사회성이 없는 크림이에게 유일한 친구는 선생님의 막둥이 강아지 리아다. 겁이 많은 크림이를 위해 선생님은 일부러 리아와 크림이가 만나서 놀 수 있는 기회를 여러 차례 만들어주었다.

크림이의 성격이 변한 것도, 사회성이 부족한 것도, 다리가 완치되지 않은 것도 다 내 탓 같았다. 속상한 마음을 선생님에게 털어놓았던 적이 있었다. 그녀는 하늘나라로 간 자신의 첫째 강아지인 봄이의 이야기를 들려주며, 해준 말이 있었다.

"크림이는 보호자님들을 엄마 아빠로 만나서 세상에서 가장 행복하다고 느끼고 있을 거예요. 엄마들도 원래 첫째 아이한테는 더 많이 미안하다고 하잖아요. 강아지한테도 마찬가지일 거예요. 몰랐고 어설펐던 게 떠올라도 미안해하지 마시고, 더 많이 사랑만 해주세요."

선생님의 그 말이 너무 큰 위로였다. 미안하기만 했을 감정이 사그라들었고, 지금부터라도 더 잘해주면 될 거라는 희망 같은 게 생겼다. 지금도 충분히 잘하고 있다는 그녀의 응원이 나에게는 꽤 괜찮은 엄마가 된 것 같다는 말 같아서 괜스레 안심이 되기도 했다.

아직 아이가 없는 나와 남편에게는 반려견 크림이가 자식과도 같은 존재이다. 조금이라도 아픈 것 같으면 모든 일을 다 제쳐놓고 병원에 뛰어가고, 아이가 가장 행복할 수 있는 게 뭔지 고민하고, 셋이서 즐겁게 살아가는 방법에 대해서 공부한다. 소중한 존재를 온전히 책임지고 키운다는 건 시간이 갈수록 더 어려운 일임을 느낀다. 아마 앞으로도 우리 셋은 겪어내야 할 일이 많을 것 같다. 겁쟁이 강아지의 사회화 교육도 더 받아야 하고, 리드 줄을 이용한 산책 훈련도 한참이나 더 해야 한다. 처음이고, 해보지 않은 일이기에 헤맬 테지만 괜찮을 것 같았다. 모든 게 처음인 우리 가족에게 따스한 사랑을 가르쳐 줬으니.

"엄마들도 원래 첫째 아이한테는 더 많이 미안하다고 하잖아요."
"잘 몰랐고 다소 어설펐던 게 떠오르더라도 미안해하지 마시고, 더 많이 사랑만 해주세요. 더 많이요."

시간이 지나, 그 어느 날의 후회가 남지 않도록.
"더 많이 사랑할게."

가벼운 소나기

♡

 갑작스럽게 내리는 비를 피하지 못하고 속절없이 맞아야 했던 적이 있었다. 누군가는 튼튼한 우산을 쥐고 있고, 또 다른 이는 우비를 꺼내 입기도 했다. 우산도 우비도 없던 나는 그저 온몸으로 모든 빗방울을 다 맞아야만 했다. 빗물에 젖어버리고 나면 모든 게 엉망이 된다고 생각했다. 다들 비를 피했는데, 나만 낙오자가 된 것이라 실망했었다.

 왜 나는 미리 우산을 챙길 생각을 안 했지. 왜 가방에 우비를 넣어두지 않은 거지. 자책하기 시작했다. 아이러니하게도 나의 가장 엄격하고 무서운 비판자는 나였다. 사실 그렇게까지 나를 몰아붙이며 닦달할 일은 아니었는데도 말이다.

언제든 우리는 예상하지 못한 비를 맞게 될 수도 있다. 언제 어디서 내릴지 모르기 때문에, 모든 비를 다 피할 수는 없다. 머리칼이 젖을 테고, 옷도 젖을 것이다. 괜찮다. 젖은 건 말리면 되는 간단한 일이다. 엄청난 큰일이 난 것처럼 자기를 옥죄일 필요는 없다. 다 엉망이 됐다고 생각했던 일도 막상 보면 의외로 쉽게 해결되는 경우도 있다. 너무 서둘러서 스스로 타박하고 좌절하지 않았으면 좋겠다. 모든 일을 다 심각하게 생각하지 말고, 그저 한 번쯤 마주친 가벼운 소나기라고 생각하고 넘겨도 된다. 다 성장하는 과정의 경험일 테니.

글

(어떤 생각이나 일 따위의 내용을 글자로 나타낸 기록)

♡

 나에게 있어서 크고 깊은 축이 있다면, 아마 '글'일 것이다. 언제나 애틋하고 소중한 존재이다. 아직도 나는 글을 쓰기 위해 책상 앞에 앉으면 설명하지 못할 오묘한 감정에 사로잡힌다. 원고의 첫 글자를 써 내려가기 전에 설레면서도 긴장되고, 떨리면서도 신나는 그런 기분이다. 글만큼 나를 오랜 시간 여러 감정에 빠지게 한 존재는 없다. 함께하면서 벅차오르는 기쁨을 주는 만큼 나를 울게 하기도 하고, 다시 그 눈물이 하나도 아깝지 않을 정도로 커다란 행복을 주는 건 글이었다.

딱히 따로 좋아하는 것도 없고, 재미를 붙인 취미도 없다. 체력이 좋아야 글도 오래 쓸 것 같아서 운동하고, 글을 쓸 때 차분한 마음가짐에 도움이 되는 것 같아서 악기를 배운다. 커피 한 잔과 종이랑 펜이 있으면 그것만으로도 나에게 더할 나위 없는 만족스러움이다. 글쓰기는 취미이자 사랑하는 존재이고 이제는 내 직업이 되었다. 나에게 그런 존재인데도, 글쓰기가 문득 무서워졌던 때가 있었다.

 머릿속에 있는 것들을 빼내는 게 나의 일이다. 글쓰기란 하면 할수록 어렵다. 특히 몇 권의 책을 낸 작가들에게는 더욱 어려울 수밖에 없다. 언제나 새로운 이야기를 찾아야 하고, 독자님들의 기대에 부응하는 글을 써야 할 것 같다는 부담감이 커지기 때문이다. 처음은 처음이라서 낯설고 모르는 것들에 대해 조심하는 게 어렵지만, 막상 시작하게 되면 하기 전에 괜히 겁을 먹었다고 생각하게 된다. 반대로 몇 번의 경험이 쌓이면 그 경험들이 두려움과 걱정이 되어 쉽게 나아가는 것을 방해하곤 한다. 이 글에 대해서 누가 뭐라고 하면 어떡하지, 누가 불편하다고 하면 지워야 하나. 가볍게는 이런 잡념들이 들 때도 있고, 말도 안 되는 원색적 비난의 악플을 받게 될까 봐 걱정하던 날도 많았다. 이제 더는 그런 것들에 대해서 연연하지 않는다. 불필요한 무서움들에게 질 수는 없었다. 연연하지 않아도 될 것들 때문에 내가 가장 사랑하는 일을 하는 것에 주저하고 싶지 않았다. 사실 불편함을 느끼려고 날 선 시선으로 보려면 어떤 글을 봐도 불편하고, 어떤 영화를 봐도 불편한 것이었다. 작가는 비평에 대해 언제나 받아들일 준비를 하는 사람이지만, '프로불편러'라고 불리는 사람들의 모든 의견을 일일이 반영할 수는 없는 사람이다. 사사건건 불편하다는 말을 더는 신경 쓰지 않기로 결정했다. 괜찮지 않은 것을 받아들이지 않을 권리는 누구에게나 있는 법이었다.

처음의 두려움을 깨트리고 나갔고, 다시 중간 즈음 어딘가에서 생겼던 걱정들을 정리하고 다시 걸어가는 중이다. 언제나 걱정 없이 편안한 일만 있을 수는 없다. 예상하지 못한 일들을 마주하고 풀죽을 수도 있고, 나에게 가장 소중한 존재가 타인에게 무시당해서 낙담했을 수도 있다. 의기소침해졌을지라도 괜찮아지는 법을 알아가는 과정이니

좌절할 것 없다.

계속해서 무언갈 하려고 하고, 해내려는 우리는 기어이 자기만의 목표를 이룩하고야 만다. 물론 그 과정이 순탄하지만은 않는다는 걸 안다. 어느 날 갑자기, 지금 내가 잘하고 있는 것인지, 계속해도 괜찮은 것인지 두려워진다면 계속 가도 괜찮다고 대답해주고 싶다. 나도 아직 이 길의 끝을 보지는 못했지만, 때때로 힘들고 무서워도 중간중간 보여주는 작은 결실들을 보며 다시 나아가고 있다. 지금 상황이 어떠하다고 하더라도, 분명한 건 우리는 지금보다 더 성장할 것이다.

사랑의 새싹이,
사랑의 꽃이 되었을 때.

φ

 이제야 조금 사랑을 알 것 같다. 보통의 연애를 하고, 보통의 연인들처럼 지내다 다시 보통의 부부가 되었다. 하루가 온통 사랑으로 차오르던 분홍빛의 시절을 지나, 10년을 함께한 친구보다 비교할 수 없을 만큼 특별해지고, 지지고 볶고 다투기도 하고, 서로에게 눈물짓게 할 나쁜 말로 가슴을 할퀴기도 하고, 그래도 끌어안는 그런 사랑의 과정을 다 겪어냈다. 우리는 아주 행복해서 웃었고, 가끔 힘들어서 울었다. 모든 연인이, 부부가 그러하듯 살아감의 무게와 사랑함의 익숙함 사이에서 때론 휘청였었다. 뜻대로 되지 않는 현실에 힘겨울 때 가장 가까이에 있는 서로에게 모난 말을 던지기도 했고, 예상도 하지 못한 채 만난 낭떠러지 앞에서 다 포기해버리고 싶다며 못난 모습을 보이기도 했다. 상처 입고, 상처 주고, 구질구질한 모습까지 보듬으며 사랑하며 살아가고 있다.

남편과 연애 시절에 애인이 좋다고 하면 '다 한때다. 그러다 결혼하면 서로 원수야.'라며 말하는 사람들이 있었다. 그 사람을 좋아하고 사랑하는 것은 젊은 시절 반짝이는 감정 같은 거라고 칭하곤 했었다. 그 당시의 나에게 결혼생활이란 아직 가보지 않은 길이었기에, 그런 말을 듣고 별생각을 하지 않았었다. 내가 기혼자가 되어보니, 결혼했다고 해서 서로에 대한 마음이 식는 건 절대 아니었다. 연애 때의 남편보다 지금의 남편이 더 좋고, 일주일 전의 남편보다 오늘의 남편이 더 좋다.

전혀 사랑스럽지 않을 모습도, 서로의 상처도, 약점도, 밑바닥까지 간 모습마저 사랑하는 게 부부인 것 같다. 가장 좋은 친구이자, 누구보다 든든하게 응원해주는 존재가 서로임을 알고 있다. 나도 완벽하지 않은 사람인데, 나의 배우자가 완벽할 거라는 기대는 놓아두는 법을 알게 된다. 서로의 부족한 점을 같이 채워나가는 게 결혼생활인 것 같았다. 모난 부분을 깎아내기도 하고, 비워진 곳을 메꾸기도 하다 보면 언젠가는 반들반들하고 그럴듯한 부부의 모양이 나오지 않을까 생각한다.

나의 단점은 한 번 좋아하기까지 시간이 오래 걸리고 마음 여는 게 힘들다는 것이고 장점이라면 좋아하고 나면 쉽게 싫증 내지 않는 것이다. 좋아하게 된 음식은 1년 내내 하루에 한 번씩 꼬박꼬박 먹어도 질리지 않고, 꽂히게 된 음악은 몇 년째 한 곡 반복으로만 들어도 여전히 좋고, 사소하게 좋아하는 색깔마저도 몇십 년 전부터 지금까지 변함없이 그대로다. 그래서 아마 아무리 시간이 지나도 나는 남편을 지금보다 더 좋아하고 있을 것 같다.

어른의 사랑이 무엇일지 20대 어느 날에 혼자서 생각했던 게 있었다. 살아감이 바쁠 테고, 신경 쓸 일은 점점 더 많아질 것이고, 그런 상황에서 사랑보다는 정으로 사는 게 부부라고 하는 말을 은연중에 믿고 있었던 것 같다. 내가 유부녀가 되어보니 정 때문에 산다고 말하는 부부들도 있겠지만, 또 연애 때보다 더 사랑하는 마음으로 살아가는 부부들도 있다는 걸 안다.

 좋은 일이 있으면 삼겹살을 구워서 소주 몇 잔에 함께 행복해하고, 슬픈 일이 있으면 이럴수록 잘 먹어야 한다며 맛있는 음식을 같이 해 먹으며 다시금 힘을 낸다. 딱히 특별하고 화려한 일상은 없다. 차려입은 옷보다는 잠옷 차림으로, 렌즈 낀 얼굴보다는 도수 높은 안경을 낀 얼굴로, 그리고 편안한 표정으로 서로의 나이 들어감을 응원해준다는 게 부부의 일상이다. 20대의 부부에서 30대의 부부가 되었듯이, 40대의 부부가 되어서도, 아주 많은 시간이 흘러 80대의 부부가 되어서도 이렇게 우리에게 주어진 하루를 잘 소화하며 살아가고 싶다.

좋은 일이 있으면 좋은 일이 있는 대로,
슬픈 일이 있으면 슬픈 일이 있는 대로.

'조용한 바라봄'

♡

  무언가를 시작하게 된 이유가 무엇이었는지, 동기를 자주 잊어버리곤 했었다. 내가 왜 이것을 하려고 했었는지 까마득하게 느껴지는 때가 자주 있었다. 단편적으로 예를 들면, 반려견 크림이의 건강을 위해 산책 훈련을 하면서, 뜻대로 따라주지 않는 아이에게 꾸지람을 한 적도 있다. 남편의 행복을 위해서 선물을 사러 간 매장에서 그에게 효율적인 것을 고르라며 잔소리하기도 했었고, 동생이 더 잘되길 바라는 마음에 고민 상담을 해주면서 나 혼자서 흥분했던 적도 있었다. 다 잘해주려고 한 일들인데, 막상 가장 가까운 사람들에게는 오히려 동기를 잊어버리고 그르치고 있는 것은 나일 때가 많았다.

계기가 무엇이었는지에 집중하는 것에 신경 쓴다. 나의 행복, 남편의 행복, 크림이의 행복, 우리 가족들의 행복 같은 분명한 것에만 초점을 둔다. 거기에 나의 사사로운 생각이나, 이렇게 해줬으면 좋겠다는 바람은 내려놓는다. 내가 하는 일도 내 뜻대로 되는 일이 없는데, 남이 하는 일이 내 뜻대로 될 리가 없다는 걸 인정하기로 했다. 어떤 일에 여러 가지 목적을 두지 않는다. 그저 한가지의 동기가 충족되는 것이면 충분히 만족하고 넘어가려 노력했다.

막상 내 욕심과도 같은 것들을 내려놓으니 편안해졌다. 크게 문제 될 것 없었다. 지금 못하면 내일 다시 해보면 되는 것이고, 당사자가 행복해야 나도 행복한 것이었다. 내가 생각하기에 중요하고 좋은 게, 남에게는 아닐 수도 있다는 걸 생각하고 행동한다. 잘 됐으면 싶다는 마음으로, 나중을 생각한다는 말로 나의 속도나 결정을 상대방에게 강요하지 않는다.

사랑하는 사람에게 가장 필요한 응원은 조용한 바라봄일 것이다. 그토록 내가 원했던 것인데도, 역시 사람은 아이러니한 존재라서 정작 내가 그것을 하지 못하고 있었다. 남에게는 그다지 상관하지도 않는 사람인데, 가까운 사람들에게는 좋은 일이 하루라도 더 빨리 생기기를 바라는 급급한 마음은 어쩔 수가 없었다. 생각해야 할 것을 놓치고, 봐야 할 것을 보지 않았던 것이다. 알아서 잘할 거라는 믿음을 주춧돌로 받쳐놓는다. 언제나, 지금처럼, 견고하게 자기가 원하는 삶의 방향으로 걸어갈 것임을 알기에.

내가 생각하기에 중요하고 좋은 게,
남에게는 아닐 수도 있다는 걸 생각하고 행동한다.

잘 됐으면 싶다는 마음으로, 나중을 생각한다는 말로,
나의 속도나 결정을 상대방에게 강요하지 않는다.

내가 사랑하는 그 사람에게 가장 필요한 응원은
'조용한 바라봄'이었을 테니.

잠시 기다려도 좋아

♡

"왜 내가 이런 일을 겪어야 하는 걸까." 이 한 문장이 머릿속에 자리를 잡을 때면 참 외로워진다. 아주 말라버린 겨울나무의 마른 가지가 된 기분일 때도 있다. 이렇게 있다가 툭 하고 부러질 것만 같아서 두려워지기도 한다. 마음에 겨울이 든 것이다. 시린 바람이 불기도 하고, 차가운 온도에 온 마음을 떨기도 한다. 겨울은 쉬어가라고 있는 계절이다. 이겨내고, 일어나고, 달려가는 계절이 아니다. 잘 버티기만 해도 그걸로 충분히 잘 지내는 계절이다. 그러니 겨울이 지나갈 때까지 잠시 쉬어가도 좋다. 찬 바람이 사그라들 때까지 가만히 기다려도 좋다.

그때,
걱정했던 것보다 잘 살아온 것 같다고.

♡

 슬프지 않은 사람은 없다고 그랬다. 슬퍼 보이지 않으려 노력하는 사람은 있어도, 슬픔이 없는 사람은 없는 게 분명할 것이다. 누군가에게는 추억이, 기억이, 사람이, 현실이 슬픔이 되기도 한다.

 슬픈 마음은 슬퍼해야 한다. 아닌 척, 아무 일도 없었던 척, 별일 아닌 척하다 보면 이상하게도 슬픔은 더욱 깊은 곳으로 자리 잡으려 한다. 더 깊고 깊은 곳에 그것을 묻어 둘수록 힘들어지는 것은 정작 나일 뿐이다. 오지 않은 미래를 생각하면서, 그때 되면 괜찮아질 것이라며 무조건 삼킨다고 될 일이 아니다. 언제나 기쁠 수만은 없다. 가끔 찾아오는 먹구름을 숨기기만 하면, 그것의 크기는 계속해서 커져만 갈 것이다.

앓는 소리 한 번 하지 않고, 마냥 잘 웃기만 하다가 걷잡을 수 없이 먹구름의 크기가 커지지 않게 당신이 실컷 슬퍼했으면 싶다. 소나기로 끝날 구름을, 장맛비가 될 거대한 구름의 크기로 커지지 않게, 오래 숨기고 있지 않았으면 좋겠다. 퇴근길 지하철에서 바라보는 바깥 풍경이 반짝이고 바빠 보이지만, 어딘가 모르게 슬퍼진다면 서글픈 마음을 표현해도 괜찮다.

참는다고 사라지지 않을 존재를 참아내려고 하면 결국 마음에 멍이 들 뿐이다. 당신은 아픔 없이 강한 어른이 되었으면 좋겠다. 겉은 어른이지만, 어른이 무엇인지 잘 모르겠는 건 당연하다. 우리는 아직 어른이 되어가고 있는 중이다. 어린아이처럼 주저앉아 울고 싶은 마음도, 덜컥 서러워져서 엄마 품에 안겨 실컷 울고 싶은 마음도 다 괜찮다. 다 어른이 되려는 과정이다. 상처와 물집이 아문 자리에 굳은살이 생기는 법이다.

단단한 어른이 되어갈 즈음, 우리도 지금의 이 시간을 되돌아보며 생각할 것이다. 그때, 참 잘 버티며 살아왔다고. 걱정했던 것보다 잘 살아온 것 같다고.

"다 어른이 되려는 과정일 뿐이야."
어린아이처럼 주저앉아 울고 싶은 마음도,
덜컥 서러워져서 엄마 품에 안겨 실컷 울고 싶은 마음도.

"다 어른이 되려는 과정일 뿐이야."

아름답다가도 때론 아득해지고 어렵다가도 문득 다정해지는 이 세상에서
꼭 해야 하는 한 가지가 있다면 가장 나다운 모습을 찾아내는 일이 아닐까.
"지난 시간이 아쉽더라도 그래도 나답게 오늘을 살아가길."

김 유 은 『그래도 나답게』 中에서

「4부」

'살아냄'에 관하여

지금의 나를 위해
조금 힘들고 많이 행복하기.

「4부」

'살아냄'에 관하여

지금의 나를 위해
조금 힘들고 많이 행복하기.

나만 힘든 것 같은 '청춘'에 관하여

♡

어떤 날에는 내가 주인공이라 생각했었다. 청춘이란 단어의 푸를 청(靑)이란 글자처럼 언제까지나 푸르를 줄 알았다. 아직 세상을 잘 몰랐고, 무엇이든 해낼 수 있다 생각했고, 실패 몇 번에 무너질 리가 없다며 오만한 착각을 했던 것이었다. 그런 나에게 정신 차려보라는 듯 다양한 실패와 굳이 겪지 않고 넘어가도 됐을 일들을 가져다주었다. 세상의 주인공은 절대 내가 될 수 없다는 것처럼 비웃는 것 같았다. 의기소침해진 탓에 나조차 나를 믿는 게 맞는 것인지 의심이 들었다.

나는 주인공이 아닌 것 같았다. 주인공을 돋보이게 만들기 위한 단역 같은 사람이라고 생각할 때마다 괜히 작아지는 기분이었다. 친구들과 비교하지 말자고 다짐했어도 그게 쉽지 않았다. 고등학교 동창, 재수학원 친구들, 대학교 동기들 모두 나만 빼고 자기들의 길에서 질주하고 있었다. 의대에 입학했고, 회계사 시험에 합격했고, 로스쿨에 입학했고, 대기업에 취업했다. 나만 아무것도 아닌 사람이 되어있는 것 같았다. 적당한 재능에 도전하지 말 것을, 현실적인 부분을 먼저 생각하고 포기하지 말 것을. 후회들만 넘쳐났다.

그렇게 시간이 흐르고 살아가며 느낀 것이 있었다. 젊은 날에는 몇 년의 차이가 어마어마한 것 같았다. 늦고 빠르고를 따져야만 직성이 풀렸고, 그걸 내가 꼭 따라잡아야 한다는 이상한 생각을 했었다. 사실 그럴 필요는 없는데 말이다. 남의 삶은 나와는 아무런 상관이 없는 일이라는 걸 깨닫지 못한 생각이었다. 신기할 만큼 어느 정도의 나이가 되면 자기가 하고 싶었던 일을 웬만큼은 이룬 상태였고, 초조해하던 지난 시간들은 '내가 그때 그랬었지'라는 추억거리가 되어 있었다. 푸른 날의 젊음은 그 시간을 살아내는 것 만으로도 청춘이었던 것이다. 불안하고, 초조하고, 비교되고, 나만 힘든 것 같은 날을 그럼에도 불구하고 살아냈다는 게 청춘이었다.

 나의 삶에서는 내가 주인공이라는 말이 있지만, 항상 주인공으로만 살아갈 수 없다는 걸 우리는 알고 있다. 영화와 현실은 다르다. 모두가 주인공이고 또 모두가 조연이다. 한 명만 언제나 주인공일 수 없고, 반대로 언제나 존재감 없는 엑스트라로만 남아있는 사람도 없었다. 누군가 빛나는 시기에는 뒤에서 박수를 쳐주는 조연으로 있다가도 또 언젠가 나의 때가 오면 다시 주인공의 역할로 바뀌기도 한다. 모두에게는 자기만의 때가 있다. 그리고 또 어려움을 이겨내야만 하는 시기도 있다. 계속 승승장구하며 잘 풀리기만 하는 인생은 흔치 않듯이 여러 고비를 이겨내면서 한 단계씩 더 성장하는 것이다.

 묵묵하게 살아가는 것 만큼 대단한 일은 없다. 함부로 오만해지지 않게, 언제나 겸손한 마음가짐으로 자기만의 속도로 꾸준한 발걸음을 옮기다 보면, 푸르름을 넘어 반짝이는 자신의 모습을 발견하게 될 것이다. 당신이 언제까지고 오래도록 반짝였으면 좋겠다. 고단했던 날들이 많았던 만큼, 힘들었던 시간을 누구보다 치열하게 버텼던 만큼 실컷 행복하고 빛나는 시간을 누리기를.

불안하고, 초조하고, 비교되고,
나만 힘든 것 같았던 어느 푸른 날의 젊음은.
그 시간을 살아내는 것 만으로도 청춘이었던 것이다.

"나만 힘든 것 같았던 푸른 날의 젊음은 그렇게 또 추억이 되어 간다."

봄은 자연스레 찾아온다.

♡

  자주 넘어져 본 사람의 특권은 결국 다시 일어난다는 사실을 안다는 것이다. 일일이 나열하기도 속상한 내 좌절의 역사는 나에게 촘촘한 단단함을 선물했다. '된다'라는 간단한 문장이 무색할 정도로 잘 안 되더라도, 그것에 좌절하지만 않는다면 괜찮았다. 얼만큼의 시간이 걸리는 것인지, 과연 내가 할 수 있을지에 대한 초조함이 방해만 하지 않는다면 좋은 일이 일어나는 법이었다. 안 좋은 상황에 너무 크게 낙담하지 않고, 안 됐던 일에만 연연하지 않는다면 신기하게도 괜찮은 방향으로 삶이 나아지곤 했었다.

  몇 년간의 수험생활을 접어야 했을 때 가슴이 꽉 막힌

듯한 기분에 차라리 시간이 멈췄으면 했다. 여기서 그만두고 싶은 내 속마음이 나약해서 미웠고, 그만둘 수밖에 없었던 내 부족함을 깨달아야 했던 현실이 아팠고, 이런 나를 보고 속상해하고 계실 부모님께 죄송해서 서러웠다. 몇 년을 공들인 도전이 무너졌을 때, 내 세상이 무너졌다고 생각했었다. 무너졌다고 생각한 세상은, 다시금 더 커다란 세상을 나에게 보여줬었다. 살아갈 세상은 그렇게 좁은 곳이 아니라는 걸 알려줬다. 하나의 길이 막혔어도 고개를 조금 돌려보면 다른 길이 펼쳐져 있었다. 어느 곳이 나에게 맞는 길이 될지는 아무도 알지 못했고, 나도 알 수 없었다. 내가 직접 가봐야 그 답을 알 수 있었다.

여기가 결말이라고 생각했던 지점이 결말이 아니었다. 모든 것이 끝났다는 말은 함부로 하는 말이 아니었다. 끝날 때까지 끝난 게 아니라는 말처럼, 감히 내가 끝을 정할 수 없었다. 넘어지고 일어서는 날의 반복은 조금 더 강단 있는 나를 만들어 줬다. 평온하게만 살아보지는 못했어도, 좌절을 겪어봤기에 조금 더 강하고 많은 생각을 해볼 수 있었다. 버티면, 그리고 용감하게 나아가면 무궁무진한 가능성을 갖고 있는 나를 발견할 수 있었다.

 나에게 주어진 날들에 대해서 조급해하는 마음을 버렸다. 선선한 거리는 다시금 추워질 테고, 싸늘해진 바람이 이내 따뜻한 햇볕으로 바뀌는 법이다. 봄은 자연스레 찾아온다. 언제 괜찮아질 것인지 그것마저도 서두르면 무기력이 더욱더 강하게 짓누른다. 언제나 안정적인 삶에 안착하고 싶은 것은 소망이면서도 욕심이라는 것을 안다. 미래가 불안하다면, 그것은 그것대로 열심히 살아갈 원동력이 되었다. 지금껏 노력해온 무언가가 뜻대로 되지 않았다면, 다시 다음을 꿈꿀 힘이 되었다. 일어난 일을 그것대로 인정하고 더 나아질 나를 믿으며 나아가면 된다.

 납득할 수 없는 슬픔도, 인정하기 싫은 힘듦도 다 지나간다. 우리는 각자 저마다의 외로움과 힘듦이 쌓아져 있다. 그것의 무게가 언제쯤 가벼워질지만 생각하면서 살아가기에는 할 수 있는 일도 해내야 할 일도 너무 많다. 수많은 일을 겪어낸 당신이다. 그런 당신이기에 반드시 해피엔딩일 것이다.

사람이 하는 일은 그 어떤 일도 결코 쉽지 않은 것 같다. 선택하는 것도, 도전하는 것도, 버텨내는 것도, 실패해 보는 것도, 다시 일어나 보는 것도 모두 쉬운 일은 어느 것도 없다. 그 어려움들을 다 지나온 당신이다. 굴곡진 시간을 걸어내며 울퉁불퉁해지는 감정들을 달래고 다듬으면서 살아내고 있다. 어김없이 해가 지고 달이 뜨듯, 다시 달이 지고 해가 뜨듯. 이제 곧 당신의 해가 뜰 차례이다.

선선한 거리는 다시금 추워질 테고,
싸늘해진 바람이 이내 따뜻한 햇볕으로 바뀔 것이고,
봄은 그렇게 자연스레 찾아올 것이다.

마음에 힘을 풀면

♡

 기분에 잡아먹히지 않으려 아등거려도 뜻대로 되지 않는 날이 있다. 그럴 때는 그냥 나를 가만히 놔두는 편이다. 빨리 괜찮아지라고 보채지 않고, 알아서 돌아올 때까지 기다린다. 사람이 어떻게 매일 웃기만 할 수 있겠냐며 나의 변화를 그러려니 한다. 갑작스러운 감정의 변화는 어쩔 수 없는 일이다. 근본적인 원인을 찾자며 파고들면 끝도 없이 우울해지는 기분이 들고, 괜찮은 척 넘기자니 그러기에는 꽤 무게감이 있어서 금방 가라앉을 기분이라는 게 본능적으로 느껴진다.

하나의 기분을 만들어내는 것에 대한 이유는 너무나 복합적이다. 기억력까지 좋은 사람은 몇 개월 아니 몇 년 전의 일까지 쌓아놓고, 묵혀놓기도 한다. 그러면 어느 날 불쑥 아무런 예고도 없이 올라오는 경우가 많다. 안타까웠던 기억과 억울한 슬픔, 가슴이 답답해지는 울화와 먹먹한 애잔함이 섞인 생각들이 그리 쉽게 희석될 리는 없다. 꼬여버린 실처럼 함부로 건드릴 수 없는 기분이 들 때는, 마음에 힘을 푼다. 괜찮아져야 한다는 조급함은 결국 방해일 뿐이다. 스스로 괜찮아질 마음을 믿고 기다려준다. 그러다 보면 신기하게도 얼마 지나지 않아 부드러워진 마음은 괜찮은 기분으로 돌아가도록 도와주는 것을 느낄 수 있다.

평정심을 유지하는 것에 연연하지 않는다. 괜찮지 않은 날도 있고, 괜찮은 날도 있는 것이다. 항상 기쁠 수만 없다는 걸 인정하기만 해도, 한결 살아감에 여유가 생기게 된다. 그저 바라는 것은 행복해지는 것인데, 살아감이 빠듯해서 언제 내가 실컷 웃어봤는지 싶을 정도로 바쁘게만 살아가는 게 익숙하다. 그러다 보니 자연스레 찾아오는 우울감이나 이유 모를 침체되는 감정은 잘못된 것도 아니고,

나약한 것도 아니다. 살면서 마주하게 될 수많은 감정 중의 하나이다. 그것에 잠식당하지 않도록 끊임없이 자맥질해보기도 할 테고, 어딘가로 도움을 청하는 방법을 선택할 수도 있다. 어떤 방법을 선택한다 하더라도, 중요한 것은 숨을 한 번 크게 쉬고, 내 마음의 긴장을 잘 회복할 수 있도록 풀어주는 것이다. 힘을 빼고 물에 있으면 몸이 둥둥 떠오르듯, 어느 날 괜찮아질 그 날이 빨리 찾아올 거라 믿는다.

비슷한 삶의 모양

♡

 나는 은근히 타인의 말에 잘 휘둘린다. 좋게 말하면 마음이 여린 것이고, 나쁘게 말하면 만만한 사람이다. 그 탓에 예전에는 사람들의 말에 잘 넘어간 적도 있었고, 남들이 좋다고 하는 것을 따라 한 적도 많았다. 그렇게 살았던 시간은 나에게 아무런 도움이 되지 못했다. 미래 전망이 어떠하고, 무엇이 좋고 나쁘고, 나 때는 이랬으니 너는 이럴 것이고, 등등 충고를 가장한 말들로 내 삶의 이정표를 간섭하려 했던 사람들이 있었다. 사실 남의 말들은 도움이 된 적이 한 번도 없었고, 내 삶에 대해서 간섭하는 경험들은 불쾌하기만 할 뿐이었다. 굳이 누군가의 충고에 귀기울이지 않고, 함부로 미래를 단정하지 않는다. 각자 자기만의 생을 다 자신의 방식대로, 알아서 잘 살아가는 게 살아감의 모양이었다.

사는 건 쉽지 않다. 그렇기에 가끔 누군가에게 조언을 구하기도 하는 것이고, 성공담 같은 이야기들이 담긴 책이라던가 동영상을 찾아보기도 한다. 대부분 성공담은 영웅담과 비슷하다. 아주 힘들었고, 고단했던 역경을 모두 헤치고 일어나 결국은 쟁취한 성공의 클리셰가 담긴 이야기이다. 막 들었을 때는 굉장한 이야기인 것 같고, 나도 저렇게 될 수 있을 거라는 환상을 가졌던 적도 있었다. 그러나 이제 그런 이야기에 그다지 관심 가지지 않는다. 역사가 승리한 자의 기록이듯이, 성공담은 성공한 이후의 다시 재편집된 기록이란 걸 알기 때문이다. 극한의 상황에서 빛나는 성공으로 극적인 반전이 있어야 서사 구조상 재미가 극대화되므로, 대부분 최저점에서 시작해 최고점으로 올라가는 이야기로 구성되어 있는 것이다.

실제 우리의 삶에서는 그런 극적인 이야기는 몇 없다. 비슷비슷한 살아감의 모양이다. 졸린 눈을 비비며 출근길

버스에 몸을 싣고, 빠져나간 카드값을 위해 사직서 쓰고 싶은 마음을 접고, 월급이 들어오면 행복해했다가, 대출금이 나간 통장 내역을 보며 한숨 쉬곤 한다. 수레바퀴가 맞물려 돌아가듯 매일 똑같이 돌아가는 일상이 고되고, 지칠 것이다. 그렇지 않아도 힘든 날들 가운데에서 더 나를 힘들게 하는 사람들 몇 명, 내 맘처럼 잘 따라주지 않는 일들이 우리 보통 사람들의 힘듦이다. 대학생 때는 한강 앞 아파트들을 보면서 저기에 사는 사람들은 좋겠다는 생각했던 적이 있었다. 그것도 다 한때의 생각이었고, 이제는 그런 생각조차도 하지 않는다. 아무리 아껴서 봉급을 모은다고 할지언정, 꿈도 꾸지 못하는 곳이 되어버렸다. 괜한 헛된 꿈을 꾸느니, 당장 내일 해야 하는 일들이 버거워도 책임지고 있는 내 몫의 삶을 살아간다.

평범한 삶이 어쩌면 가장 힘든 삶일 수도 있다. 그것을 버텨내고 있는 우리는 굳이 남의 말을 일일이 신경 쓰면서, 경청하고, 따르며 살아갈 필요는 없다. 누군가 어떤 삶을 살았고, 무슨 기회를 만들어냈고, 얼만큼의 성공을 이뤘는지는 별로 중요한 이야기가 아니다. 하루를 최선을 다해 살아냈다는 것 자체가 오늘의 성공이다. 작은 성공들이 모이고 모여서 결국은 인생이라는 무대를 가득히 자신만의 색으로 채워내는 것이다. 막이 오른 무대에 선 우리는 쉬지 않고, 그 위에서 내가 맡은 역할에 최선을 다해서 해내고야 만다. 중간에 잠시 쉴 수는 있어도, 막이 내리기 전까지 포기하지는 않는다. 그것보다 더한 멋진 일은 없다.

마냥 행복할 수는 없고, 가끔 슬픈 날도 있고, 잘 풀리지 않는 일도 있었어도, 그래도 이 삶을 사랑하며 살아갈 것이다. 언젠가 이게 나의 삶이었다고, 꽤 행복한 모습으로 되돌아볼 수 있게.

아물지 못하는 상처

♡

 살아보니 아물지 못하는 상처도 있었다. 찢어진 상처의 틈이 아물려고만 하면 누군가 툭 건드렸다. 떠올리고 싶지 않은 기억을 꺼내게 만드는 말 몇 마디 때문에 상처가 상처로만 남아있다. 찢어진 부위가 아물고 다시 흉터가 될 시간을 갖지 못하게 되는 것이다.

 아무리 강한 사람이라 해도, 어딘가에 자기만의 상처 한 가지쯤은 숨기고 살아간다. 시간이 흘렀어도 좀처럼 덤덤해지지 않는 기억이라던가 표현하지 못할 서러움을 내색하지 않고 살아가지만, 구겨져 버린 마음 같은 것들을 갖고 살아간다. 무던한 척하고, 심드렁한 표정 뒤의 참아냄을 알고 있다. 웃고 있어도 사람들에게 그다지 마음을 주려 하지 않고, 나만의 벽을 높게 치고 살아가는 것은 그만큼 아픈 상처가 있다는 뜻일 수도 있다. 조심성 없는 사람들, 무례한 사람들을 피하고 싶은 그 마음을 이해한다.

아물지 못한 상처를 갖고 살아가는 그대가 한동안 오래 안온했으면 좋겠다. 상처가 아물 수 있도록, 꽤 긴 시간 동안 아무 일 없이 담담한 날들을 보냈으면 싶다. 호들갑 스럽지 않고 고요한, 그래서 다시 괜찮아질 새 살이 차오 르기를 바랄 뿐이다.

대단히 좋은 어른은 아닐지라도

♡

 부끄러움은 사람답게 살아갈 수 있는 마지막 보루 같은 것일지도 모르겠다. 자신을 방어하기 위한 수단으로 합리화를 먼저 꺼내게 되는 것이 보통의 사람이다. 나 역시도 그랬을지 모른다. 어느 정도의 합리화를 통해서 자신을 보호하고 싶은 것은 본능이라고 생각한다. 아무리 구색에 맞춘 합리화를 만들어낸다고 하더라도, 결국은 부끄러움 앞에 인정하게 된다. 자기 생각이 잘못됐음을, 혹은 자신의 지난 행동이 잘못됐음을 깨닫게 되는 것이다.

 부끄러움을 느끼기 전에는 본인이 한 언행과 행동이 이미 자신이 말한 논리나 주장에서 한참 벗어났다는 것도 인지하지 못한다. 잘못을 감추거나 잘못된 행위를 인정하지 않은 일에만 급급해한다. 인정하고 싶지 않은 마음이 커지면 어리석게 변하는 존재가 사람인 것인지, 자기방어기제가 사람을 순간적으로 그렇게 만든 것인지는 알 수 없다. 뉴스나 신문 기사 속에 인상을 찌푸리게 하는 사건의 이야기를 보면, 아무런 부끄러움을 모른 채 살아가는 사람이 존재하고 있다.

글을 쓸 때 가장 중요한 것은 논리성이다. 어느 장르의 글이던지 인과는 중요하다. 글 안에서 논리가 무너져버리면 그 글은 사실 독자들에게 아무런 울림도 주지 못하는 그저 글씨 덩어리로만 남게 될 뿐이다. 예전에 오랜 시간 동안 작문을 배우고, 글을 연습하면서 가장 신경 썼던 부분이 바로 글의 인과를 잘 확립하는 것이었다. 원인 없는 결과는 존재하지 않다는 게 글과 삶의 공통점이자 이치였다. 그렇게 중요한 것을 상실한 채 살아가는 사람들의 특징은 부끄러움마저도 소실된 경우가 대부분이었다.

모든 사람이 도덕 교과서처럼 살 수 없다는 사실을 잘

알고 있다. 나도 그다지 착한 사람은 아니다. 겁이 많고 귀찮아지는 게 싫어서 준법정신으로 사는 것이다. 부끄럽지 않은 삶을 살고 싶기에, 건전하지 않은 속된 말로 더럽다고 표현되는 행위에 대해서 마땅히 비난하고 멀리할 뿐이다. 내 심성 자체가 선함으로 가득하다거나 불의를 보면 못 참는 사람은 절대 아니다. 다만 부끄러움을 품고 살아간다. 이 행동이 부끄러움을 가져올 것인지, 내 선택이 훗날 어떤 부끄러움으로 돌아오지 않을지 언제나 고민하고 행동한다. 보통의 사람들인 우리는 다 그렇게 살아간다. 최선의 선택을 하는 것은 어렵더라도, 덜 부끄러운 선택을 하는 것은 생각보다 쉬운 일이다.

양심이라는 단어가 사전에 적힌 뜻은 '자기의 행위에 대하여 옳고 그름과 선과 악의 판단을 내리는 도덕적 의식'이다. 도덕이라는 말이 틀에 박힌 단어 같아도 사실 마지막으로 넘지 말아야 할 선을 그어주는 존재이다. 아닌 것에 대해 아니라고 말할 수 있고, 질타받아야 할 불건전한 행동을 한 자에게 과감히 등을 돌릴 수 있는 용기의 바탕이 도덕일 것이다.

세상에 나가보면 사실 놀랄 만큼 좋은 사람들이 너무 많다. 첫인상은 날카롭지만 마음이 여린 사람도 있고, 말은 투박하게 하지만 누구보다 정이 많은 사람도 있고, 자기 일이 아니어도 자기 일처럼 발 벗고 나서서 도와주는 사람도 있다. 이렇게 좋은 사람들이 넘쳐나도 언제나 사람을 만남에 있어서 조심할 수밖에 없다. 부끄러움이 무엇인지 아예 잊어버린 채 살아가는 소수의 사람이 만들어내는 파동이 시끄럽고 혼탁하기 때문이다. 뒤늦게 자신이 무얼 잘못한 것인지 남들이 잘 정리해서 보여줘야만 깨닫는 사람은, 뒤늦게 자신이 했던 짓을 숨기기 바쁘다. 오히려 자신이 피해자인 척 말하거나, 모르는 일이라며 서슴없이 거짓말로 둘러대는 것에 능숙한 모습을 보이기도 한다. 부끄러움을 모른 사람은 일반 사람들이 이해할 수 없는 생각과 행동을 보여줄 뿐이다.

마땅히 해야 할 일을 하고, 당연히 하지 말아야 할 일은 하지 않으며, 마음속에서 부끄러움을 놓치지 않는 어른으로 살아가려 노력하고 있다. 간결하고 단순한 일이지만, 이것조차 지키지 못하는 몇몇 사람들의 말에 귀 기울이지 않는다. 자신이 뻔뻔하게 해놓은 일을 가지고 어쩔 수 없었다는 말로 거짓투성이인 변명을 말하고, 본인이 저질러 놓은 일을 가지고 남 탓으로 돌리려 하고, 정당해질 수 없는 일에 대해서 합리화하려 안간힘을 쓰는 사람의 말들을 가치가 없음을 잊지 않으려 한다.

온전히 착한 사람은 될 수 없어도, 그래도 나쁜 사람은 되고 싶지 않다. 시간이 지나고, 더 많이 지나서도 지금처럼 살아가고 있기를 소망해본다. 대단히 좋은 어른은 아닐지라도, 타인의 인상을 찌푸리게 만드는 사람이 되지 않기를 바라며.

부끄럽지 않은 어른

♡

 무언갈 받아들이는 것에 있어서 예민한 편이다. 예민하다는 것은 생각의 결이 꽤 촘촘하다는 뜻이기도 하다. 대부분을 무던하게 넘기려고 노력하고, 굳이 꼬집어 넘어가지 않으려고 애쓰는 것뿐이지, 마음속에는 오돌토돌 불편한 것들 투성이다. 말에 섞인 단어의 뉘앙스에도 불편함을 느끼게 되고, 뼈있는 말에 담긴 구태의연한 사고를 듣고 화자의 성격을 짐작하기도 하고, 해야 할 행동이나 하지 말아야 할 행동에 대한 규칙도 꽤 깐깐하다. 솔직히 말하면 나는 꽤 재미없는 사람이고, 내 안에 정립된 기준도 단단한 편이고, 옳고 그름을 판단하려 노력하고, 도덕적으로 어긋난 일을 하지 않으려 한다.

스물한 살 때 아주 친했던 고등학교 동창과 연락을 끊었다. 이유는 그녀의 잦은 클럽 방문과 그곳에서 일어나는 원나잇이라 불리는 행동을 했기 때문이었다. 애인도 아니고 동성 친구인데 왜 그렇게까지 깐깐하게 구냐는 말을 들은 적도 있었다. 나에게 그 정도를 이해하지 못하냐며 조선 시대 선비냐는 비아냥거리는 사람도 있었다. 남들이 뭐라 하는 말은 그다지 중요하지 않았다. 내 기준에서 도덕적이지 않고 지극히 일반적인 사고로 누구에게나 추천할 만한 긍정적인 행동이 아니라면, 굳이 고민하거나 상대할 가치가 없는 문제였다.

옳고 그름을 선택할 때 나의 기준은 꽤 간단하다. 모두가 꼭 결혼을 하고 아이를 낳아야 하는 것은 아니지만, '상상의 자녀에게 추천하고 싶은 행동인가?' 이 질문이 나의 기준점이었다. 공공연하게 말할 수 있고, 누구에게나 떳떳하게 자랑할 수 있으며, 나의 자식에게도 권장할 수 있는 행동이 아니라면, 굳이 그것을 '개방적'이라는 훌륭한 단어로 감쌀 필요는 없기 때문이다. 주변에 가끔 소름 돋을 만큼 놀라운 과거를 가진 사람들을 보곤 한다. 아무것도 몰랐던 때의 실수라고 사람 좋은 웃음으로 넘기거나, 문란했던 행동을 그저 한순간의 실수라고 치부하는 게 잘 이해되지 않는다. 전부 다 알고 있었을 나이이고, 실수로 할 만한 행동이 아님을 알기 때문이다.

사람은 누구나 실수를 하면서 살아간다. 하지만 그 실수에도 정도가 있는 법이다. 꽤 많은 자신의 자유의지가 포함된 행동의 결과를 단순히 실수라고 치부할 수는 없다. 실수가 아니라 엄연한 본인의 선택이다. 아무리 남 탓을 하려고 하거나, 다른 상황을 탓하려고 해도 그것은 분명히 본인이 결정한 행동이 대부분이다. 실수라는 단어가 그 행동의 정당한 원인이 되어줄 수는 없다. 부도덕하고 분명하게 아닌 행동을 '실수'라는 단어로 거짓된 포장을 한 사람이 내 삶에 가까이 접근하지 못하도록 밀어내는 단호함은 언제나 필요하다.

할 수 있는 한 최선의 좋은 방향으로 살아가려고 노력한다. 나의 행동이 완벽할 수는 없고, 그것이 100% 정답일 리는 없지만, 그래도 괜찮은 선택을 하기 위해 고민한다. 신중하게 살아가는 삶에 익숙해져 있고, 예민한 성격 때문에 내 가까이에 있는 인연들에 언제나 조심히 행동한다. 그 덕분에 나쁜 삶은 살지 않은 것 같아서, 그것만으로 꽤 뿌듯한 기분을 느낀다. 혹자가 보기에는 내 삶이 재미없어 보인다 해도, 나에게는 충분히 재밌는 삶이다.

세상의 흐름이 너무 빠르다. 청소년을 대상으로 하는 신문 기사나 뉴스에 나오는 10대에 대한 내용을 볼 때면 놀랄 때가 많다. 학교 선생님들이 쓴 청소년들에 관한 글을 읽고 충격을 받았던 적도 있었다. 무분별한 매체들이 만들어낸 허상, 잘못된 성교육, 올바르지 못한 가치관 정립, 그로 인해 파생되는 문제들은 상상할 수 있는 크기를 넘어서 있었다. 중간고사, 기말고사, 내신, 입시 등등의 단어가 익숙해야 할 나이에 학교 폭력, 성폭력, 성관계, 임신, 낙태, 출산 같은 단어가 자신의 현실로 다가온 아이들의 마음이 어떨지 짐작도 되지 않았다.

빠르기만 한 세상의 변화에서 조금 느리게 변하는 어른이 되고 싶다. 옛것이 다 좋은 것은 아니다. 달라져야 할 것이 더 많고, 구태의연한 사고는 듣고 싶지도 않을 만큼 싫어한다. 다만, 나를 아줌마라고 부르고 있는 아이들에게 부끄럽지 않게 살아온 아줌마가 되고 싶을 뿐이다. 실수다운 실수만 하고, 나쁜 것은 최대한 피하며 살아가는 게 어른의 모습이 아닐까 싶다. 잘못된 것은 잘못된 것이라고 말해주는 용기를 잃어버리지 않으려고 한다. 재미없는 사람이라는 소리를 들어도 괜찮고, 선비 같다는 비난 섞인 비아냥을 들어도 괜찮다. 어른들이 자신의 잘못을 잘못으로 인정하지 않고 치명적인 잘못을 실수라는 단어로 덮어버리는 순간, 몇몇 아이들은 그것을 분간하지 못하기 때문이다.

항상 나와 가족의 행복만을 중심축에 두고 미래의 모습을 꿈꿨었다. 나와 나의 가족이 가장 소중한 것도, 가장 좋은 것도 변함이 없지만, 조금 더 근사한 미래를 꿈꿔본다. 인생 후배들에게 부끄럽지 않은 어른이 되고 싶다. 이것이 얼마나 어려운 일인지는 잘 알고 있다. 수많은 선택을 하게 될 것이고, 그것을 할 때마다 흔들림이 찾아올 수도 있을 것이다. 그럼에도 불구하고 최선의 선택을 하려고 한다.

백지 같았던 어린 시절을 채워주는 것은 어른들의 몫이다. 금방 배우고, 모든 것을 따라 하려고 하는 어린아이들에게 봐도 괜찮을 것들만 행하는 노력을 해주는 어른들이 있었기에 오늘의 우리가 되었을 것이다. 함부로 핑계 대지 않고, 옳은 방향으로 자신의 삶을 충실히 살고자 했던 모습들을 배워서 지금을 치열하게 살아가는 오늘의 내가 완성되곤 한다. 그리고 다시 우리는 각자의 위치에서 최선을 다해 살아가고 있다. 언젠가 어른이 될 아이들에게 작게나마 괜찮은 삶의 모습을 보여주고 싶은 소망으로.

오늘을 채워내고,
내일을 기대하기.

♡

이상하게도 매년 가을은 늘 바빴다. 체력적으로도 힘들고 심적으로 여유가 없어서 가을의 끝자락까지, 그 흔한 낙엽 하나를 손에 쥐어보지 않았다. 창문 밖으로 비추는 나무들의 색깔을 눈에 담기만 했다. 아주 큰 텀블러 가득히 커피를 내리고, 그것을 홀짝이며 노트북 앞에 앉았다. 그것만으로 나에게 충분한 가을이었다. 원고 작업은 그것의 특성상 어느 정도 고립의 시간이 필요하다. 시간의 흐름은 인지하지만, 주변 지인들의 대소사는 잘 모르고 지나가기 일쑤이다. 글을 쓰는 마음을 어지럽히고 싶지 않아서, 주변 사람들의 쓸데없는 이야기를 들을 기회마저 없애 버리곤 한다.

친구들을 좋아했고, 사람 만나기를 즐겼고, 언제나 약속으로 가득했던 나였다. 사람들 앞에 서는 걸 오죽 좋아했으면, 학창 시절 내내 학생회장이었고, 마이크 잡는 일이라면 손을 들고 앞으로 나가곤 했었다. 그런 내가 작가라는 직업을 갖게 된 것은 필연 같다는 생각을 자주 한다. 조용하게 살지 않고 사람들 사이에서 잘 발견되면, 누군가에게 공격당하기 쉬웠다. 당하지 않아도 될 소모적인 사람들과의 갈등은 나를 지치게 했다. 그뿐만이 아니었다. 체력을 조각내서 만나는 가벼운 인간관계가 아무 쓸모 없음을 알려준 사람들이 많았다. 최선을 다해 잘해주면 결국 더 많은 걸 바라는 경우가 많다는 걸 알려준 지인들 덕분이었다. 사회 초년생일 때는 나를 자신의 직속 후배로서 성공 가도에 올려주고 싶다는 말과 다르게, 내 아이디어를 자신의 것으로 만든 사수가 있었다. 조금 내가 잘되는 것 같으면 어떻게 해서든 흠을 찾으려 하던 동료들이 있었다. 이제 와서 보면 그런 사람들이 만들어준 크고 작은 에피소드들 덕분에 오늘의 내가 만들어졌다.

성격은 쉽게 변할 수 없지만, 원래 갖고 있던 습관이나 행동의 모양을 변화시키면서 살아가는 게 자연스러운 일인 것 같다. 조금 더 행복하고, 덜 불행해지기 위해서 적응한 결과일 것이다. 조용하게 살아가는 것만큼 내 삶에 몰입할 수 있는 방법은 없다. 소모적인 가십에 놀아나지 않아도 되고, 굳이 떠올리지 않아도 될 불필요한 감정들에게 예속되지 않아도 된다는 걸 느꼈다.

정리되지 않는 생각들도, 지저분하기만 한 인간관계도, 결국은 언젠가 차곡차곡 정리되고야 만다. 어떤 걸 취해야 하고, 어떤 걸 버려야 하는지. 내 인생에서 소모적인 것들은 멀리하고 생산적인 것들만 허용해야 하는 것인지. 시선의 넓이는 어느 정도의 각도로 정할지. 수많은 것들에 관한 질문에 답을 하나하나 해나가며 자신만의 커다란 수납장을 만들어낸다. 그 안에 넣어야 할 것들만 넣고, 들어갈 자격이 없는 것들은 쓰레기통으로 버리며 삶의 모양을 한 번 더 견고히 정립하게 된다.

견고해진 삶을 갖게 되면, 내가 선택함으로 인해서 갖고 있는 것들에 대한 고마움이 더 커지곤 한다. 원하는 것을 하기 위해 열심히 노력하는 삶, 함께해도 괜찮을 것들에게만 마음을 쓰는 건강한 삶은 종종 우리에게 쾌적한 기분을 선물한다. 나의 본질은 달라지지 않았을지언정, 언제나 조금씩 변화하고 진화하면서 다가올 날들을 의연하게 받아들인다. 각자 자기가 갈 길을 잘 가는 것보다 중요한 것은 없다. 그렇기에 비슷한 사람끼리, 서로의 생각을 공유해도 괜찮을 사람을 찾아 만나게 된다. 가끔 만나서 마음을 나눴다가 다시 자신의 삶에 집중한다. 그렇게 바쁘고 효율적으로 살아간다. 자발적인 외로움의 시간은 삶을 윤택하고 보다 더 지혜롭게 살아가도록 도와줄 것이다. 오늘을 채워내고, 내일을 기대하면서.

'그때 그런 일이 있었지'

♡

 모든 일에는 타이밍이 존재한다. 유난히 일이 안 풀리는 시기가 있고, 또 생각지도 못했던 좋은 일들이 따라오는 때도 있다. 순환하듯 달라지는 인생의 굴곡을 의연하게 잘 걸어가는 법을 배우며 더 성숙해지는 것 같다.

 먹구름만 가득했던 시기도 지나고 나면, 그때를 꼭 나쁘지만 않았던 순간으로 기억한다. 누구에게나 어두컴컴한 시절은 다 존재한다. 그런 시간들을 이겨냈던 건, 언젠가 모든 게 더 나아지지 않을까 하는 희망이었다. 희망이 작게나마 불씨를 잃지 않고 버텨낸 덕분에 꽤 기나긴 터널을 터벅터벅 걸어내는 것이다. 캄캄하기만 한 곳이었다가,

아주 멀리 빛이 보이는 것 같고, 점차 그 빛이 또렷해지고, 마침내 기나긴 터널의 끝에 도달한다. 발 이곳저곳에는 물집이 잡혀있고 온몸은 지쳐있지만, 어떤 말로도 표현하지 못할 뿌듯함과 후련함이 차오르게 된다. 걷다 보면 끝이 나온다는 사실을 깨닫게 되는 것이다.

막연히 그냥 보내는 시간도, 아무 의미 없는 경험도 없다. 안 좋았던 순간을 이겨냈던 기억과 세상이 나를 인정해주는 것 같았던 순간의 기억을 번갈아 마주하며 이게 산다는 것이구나 어렴풋이 느끼곤 한다. 그 시절에는 그렇게 힘들었던 일도, 언젠가는 '그때 그런 일이 있었지'라고 가볍게 넘기는 시간이 온다는 걸 겪어보면서 알게 된다.

아무리 삶의 무게가 무겁더라도 그것에 짓눌려지지 않는 이유도, 갑자기 만난 험한 길목에서 포기하지 않는 이유도 다 마찬가지이다. 이 힘든 시기를 버텨내면, 더 좋은 일이 일어날 거라는 걸 알 만큼 성숙해졌다는 뜻이다. 굳이 모든 걸 다 겪지 않고, 좋은 것만 보고, 좋은 일들만 겪으며 살아가는 게 아닌 이유는 아마 더 담대하게 살아가는 방법을 알기 위함일지도 모른다. 작은 빗줄기에도 금세 무너져버릴 모래성이 아니라, 아무리 세찬 폭풍우에도 단단하게 버텨낼 커다란 산이 되는 과정일 것이다.

막연하게 그냥 보내는 시간도,
아무 의미 없는 경험도 없다.

불완전과 완전의 사이

♡

한 독자분에게 이런 메시지를 받은 적이 있었다. 내 책을 감명 깊게 읽었다는 내용과 함께 '작가님은 아마 좋은 사람이겠죠? 글에서 느껴지는 작가님은 참 착하고 좋은 사람 같아요.'라는 문장이 있었다. 감사하는 마음을 담아 긴 답장을 보내고서는 한동안 깊은 생각에 빠졌었다. 나는 좋은 사람일까. 이 질문은 계속해서 여러 가지 생각들을 파생시켰다. 누군가에게는 좋은 사람일 테고, 누군가에게는 불편한 사람이었을 것이다.

책을 쓸 때마다 솔직하게 쓰려고 노력한다. 부끄러웠던 이야기도 이야기하고, 돌아보면 그러지 말 것을 하고 후회

되는 행동도 고백한다. 보통의 사람, 아니 어쩌면 보통보다 부족한 사람일지 모르는 나의 지난 실수와 이야기가 독자님들에게 작은 도움이 되길 바라는 마음이었다. 나도 사람인데 어떻게 다 바른길만 걸을 수 있었을까. 어렸을 때는 지각하기 싫어서 무단횡단도 해봤었고, 부모님이 주신 용돈으로 공부에 전혀 필요 없는 소설책을 몰래 사서 보기도 했었다. 성인이 되어서는 자주 실패에 부딪혔고, 그때마다 철없이 부모님을 원망하기도 했었다. 내가 최선을 다했다고 생각하는 오만함으로 잘 풀리지 않은 인생을 세상 탓으로만 돌린 적도 있었다. 유치했고 부족했던 사람이었고, 그런 부끄러운 시간을 지나 겨우 지금의 내가 되었다.

사실 모두가 좋은 사람이면서 또 좋지 않은 사람의 모습 두 가지를 가지고 있다. 언제나 일률적으로 한 가지의 모습으로만 살기는 꽤 어려운 일이다. 매사 분명하게 산다는 건 확실하게 정해놓은 몇 가지를 제외하고 상황에 따라 달라지는 게 사람이다. 불완전한 존재이기에 실수도 하고, 그것을 정정하기도 하며 살아간다. 불완전에서 완전으로 향하는 과정이 개개인의 역사일 것이다. 그 역사의 결말은 사실 나도 아직은 모르겠다. 오랜 시간 살아보고, 다양한 것을 경험했다고 해서 그것이 완전한 사람을 만들어내는 것인지 알 수 없다. 불완전한 존재는 마지막까지 불완전하게 살아가다가, 자신의 불완전함을 인정하게 되는 게 완전함의 완성이 되지 않을까 생각해보기도 한다.

나는 아직 좋은 사람이 되기 위한 과정에서 부단히 노력하고 있는 것 같다. 나에게마저 좋은 사람이 되지 못했던 시간들을 반성하고, 후회하며, 나아지는 중이다. 예민했고, 자주 아파하느라 주변 사람까지 힘들게 했던 그 시절의 나를 버텨준 사람들에게도 내가 더 좋은 사람이 되어 고마움을 갚아나갈 수 있도록 성장하는 중이다.

언제까지 내가 글을 쓰고 있을지 모르겠다. 그리고 살아감이 수월해지는 때가 언제가 될지도 모르겠다. 모르는 것 투성이기에 그것을 알아가는 과정을 쓰고 있을 뿐이다. 좋은 사람도 아니고 모든 걸 다 알고 있는 사람도 아니지만, 열심히 살아왔고 또 살아가고 있는 사람일 뿐이다. 일어날 일들을 미리 알지 못해서 허둥지둥 수습하고, 지나온 일들이 따가워서 잠을 설치기도 하지만, 그걸로 인해 조금이라도 더 나아지고 있다는 걸 알고 있다.

시간을 돌리는 것만큼 불가능한 일은 내가 앞으로 어떤 사람이 될지 확인하는 것이라고 생각한다. 우리의 내일은 그 누구도 알 수 없다. 구체적인 무엇이 될지는 모르지만, 확실한 한 가지는 우리는 오늘보다 더 나은 사람이 될 것이라는 사실이다. 오늘보다 더 좋은 사람이 될 나와 당신이다.

나를 인정하고 좋아하기

♡

 내 모든 작품에 뮤즈가 되었던 사람은 20대 어디쯤에서 방황하던 나 자신이었다. 원하는 결과가 번번이 나오지 않았고 안쓰러울 정도로 열심히만 살아갔던 그때의 나에게, 그럼에도 포기하지 않았기에 오늘의 내가 있었다고 말해주고 싶었다. 치기 어린 마음에 분수에 맞지 않는 목표를 세웠고, 그것을 이뤄보겠노라 잠도 줄여가며 노력했던 밤들이 아무 쓸모없던 것이 아니었음을 이제는 안다. 적당한 재능을 원망하던 긴 나날들도, 이상과 일치되지 않는 부족한 능력에 좌절하던 순간도 결국은 다 잘 지나갈 일이었다.

 내 생각에 정답이라고 여겼던 것들이 막상 살아보면 정

답이 아니기도 하고, 그때는 도무지 답을 몰랐던 것들이 시간이 지나 보면 쉽게 보이기도 한다. 찾지 못했던 해답을 한참 지난 후에서야 발견했고, 정답인 줄 알고 붙잡고 살아오던 생각이 오답임을 인정했다. 사춘기도 끝났고, 이미 성장기도 끝난 지 오래였지만, 그렇게 한 번 더 성장했다.

언제나 나는 나에게 미안했었다. 내가 조금 더 잘했더라면, 내가 조금 더 노력했더라면, 내가 더 똑똑했더라면. 아쉬움을 잔뜩 내포한 수많은 가정을 끌어와서 상상하고 지금의 내 모습과 비교하기 일쑤였다. 상상의 뒷맛은 언제나 쓴 법이었다. 반성 거리만 늘어갔고, 현실의 나에게 달라지는 점은 없었다. 어쨌든 나에게는 다시 지금을 살아가는 게 중요했다. 과거는 달라질 수 없었고, 현재의 나를 책임지고 다시 걸어가게끔 하는 게 먼저였다.

아쉽고 부족하다 느꼈던 점들 대신에 충분히 잘했던 부분을 찾아봤었다. 나를 잘한다고 칭찬해주는 일에 인색했었다. 사람들은 대부분 무언갈 잘했다고 하면, 그에 대한 합당한 결과치를 근거로 보여주길 바랐다. 나는 근거로 내세울 수 있는 결과치가 나 스스로 부끄러웠었다. 예를 들면 그렇게 공부를 열심히 했으면 서울대 갔어야지. 그렇게 글을 좋아했으면 큰 신문사 신춘문예에 등단했어야지. 그렇게 대외활동을 많이 했으면 연봉 높은 회사에 들어갔어야지. 이런 말들이 무서웠다. 그 탓에 정작 나마저도 나를 칭찬하는 일을 관두었던 것이다. 살아보지 않은 시간이었기에 막연히 무서웠고, 남들의 말이 전부일 거라 믿었었다. 그게 아님을 알았고, 매 순간 최선을 다했던 그 모습 그대로를 인정하고 칭찬했었다.

나마저도 나를 인정해주지 않으면, 너무 각박한 세상이다. 자기소개서에 빼곡히 나를 증명하기 위한 것들을 담아내야 하고, 과정이 어떠하였든 결과 한 줄로 그 사람의 능력과 노력 여부를 따질지도 모른다. 그 안에서 버텨내고 살아가는 우리니까, 조금은 자신을 인정하고 좋아하면 좋겠다. 엄격하게 비판하거나 평가하는 시선을 내려두고, 괜찮은 점들을 먼저 찾아주려는 시선으로 자신을 돌봐줬으면 싶다.

반성하지만 후회하지 않아도 된다. 그것으로 인해서 당신은 분명 더 성장했을 테니까. 가보고 싶었던 길을 포기했다고 해서 아쉬움으로만 물들이지 않아도 된다. 그 길을 가지 않았기에 오늘을 잘 살아내는 당신이 있을 수 있던 것이니까. 과거에 붙잡히지 말고, 오늘을 포기하지 말고, 내일을 기대하며 살아가길 응원한다. 당신은 당신을 충분히 응원하고 믿어주길 바란다. 미래에 바라고 있는 그 모습 그대로 이뤄낼 당신을 마주하게 될 테니까.

과거에 붙잡히지 말고,

오늘을 포기하지 말고,

내일을 기대하며 살아가기.

잘 살아내는 것

♡

　계획대로 살아가고 싶은 마음은 있지만, 계획대로 되지 않아도 괜찮다. 매일 해야 할 일들과 하고 싶은 일들을 플래너에 적고, 하나씩 체크하면서 지낸다. 수험생 시절에 사용했던 플래너 비슷한 것을 구해다가 사용하기도 한다. 전에는 플래너에 적어진 일을 어떻게 해서든 다 끝내려 했고, 그걸 하지 못하고 잠들면 불안해한 적도 있었다. 지금이 되어 달라진 점은 굳이 모든 계획을 다 지켜내려고 아등바등하지 않는다는 것이다.

　삶에는 변수가 있다는 사실을 인지하지 못했었다. 돌발 상황쯤은 내가 잘 해결할 거라고 나를 과신했었다. 알지 못하는 순간에 출몰하는 변수들은 갑작스러운 흔들림을 가져오기도 했고, 예상하지 못했던 멈춤을 만들기도 했다. 촘촘한 계획, 그것이 안 될 경우를 다시 대비한 계획 같은 것도 막상 큰 도움은 되지 못했다. 만약 어디엔가 신이 있다면 나를 놀리는 게 아닐까 싶을 정도로, 내 계획은 아무 쓸모가 없어진 때도 있었다.

 더 나은 사람이 되고 싶어서 언제나 준비하고 대비하는 것은 인간의 기본 욕구에 준하는 게 아닐까 생각한다. 나약한 존재라는 걸 알아도 강인해지고 싶고, 뜻대로 되지 않을 확률이 높다는 걸 알면서도 내 계획이 맞을 거라고 섣불리 맹신하기도 한다. 미리 생각하고 먼저 대응의 계획을 짜놓으면 될 거라는 오만이 그때는 정답이라 믿었다.

 삶의 우선순위는 계획대로 사는 것이 아니라, 그저 '잘 사는 것'이었다. 그걸 깨닫기까지 수없이 많은 시행착오를 겪게 된다. 조금 늦어져도 상관없고, 계획과 달라져도 괜찮다는 걸 인정하면서 더 유연한 삶을 살게 되었다. 너무 무리해서 계획을 세우는 것도 고쳤고, 오늘 도저히 못 할 것 같은 일은 내일로 넘기기도 한다. 예상하지 못했던 일을 갑자기 마주하게 된다 하더라도, 그럴 수 있다는 생각으로 받아들인다.

정해진 길에서 달리기만 하면 되는 게 아니었다. 길은 정해져 있다 하더라도, 그 길 말고도 가보고 싶은 길도 나타나고, 더 빠르다고 하는 길도 소개받고, 어떤 날은 정해진 길이 끊겨있기도 했다. 모든 순간을 다 대비할 수 없으니, 우리는 그 상황들 안에 있는 변화에 잘 적응해야만 살아냄이 더 수월해질 수 있었다.

변수들을 잘 꾸려나가는 게 또 하나의 해야 할 일인 것 같다. 정형화된 것들에 삶의 무게를 더 싣고 걸어갔었다면, 이제는 유동적인 것들마저도 다 끌어안고 원하는 삶의 방향으로 함께 걸어가려고 한다. 혹여 삐걱거린다고 하면 고치면 되는 것이고, 속도가 느려졌다고 하면 천천히 가면 되는 것임을 잊지 않는다.

이래도 괜찮은 것인지 의심만 가득했던 마음에 여유가

들어서면, 자신의 기준과 목표가 또렷해진다. 내가 포용할 수 있다 생각되는 것의 폭이 넓어진 만큼 가볼 수 있는 방향도 넓어지고, 움직일 수 있는 힘도 커지는 법이다. 어떤 일을 마주하더라도, 기필코 해낼 것이라는 믿음을 잊지 않고 살아가길 바란다. 자신의 삶을 온전히 꾸려나갈 '나'를 아껴주고 또 아껴주면서.

아름다운 마무리

♡

장례식에 다녀왔다. 삶과 죽음의 경계선이 있는 그곳은 시린 공허함이 맴돌았다. 누구도 예상하지 못했던 일이었다. 그는 죽음을 논하기에는 너무 어렸고, 모든 것을 정리하기에는 아직 남아있는 가능성이 많았다. 우리는 그저 국화 한 송이에 자주 연락하지 못했던 미안함과 부디 좋은 곳으로 가길 바라는 간절함을 담았다. 영정 사진 속 웃고 있는 모습은 왜 그리도 말갛고 행복해 보이는 웃음인지 싶어서, 슬픔이 차올랐다. 너무 늦어버린 인사에 대한 죄책감으로 한 번, 문득 그리워지는 애달픔으로 두 번의 절을 올렸다. 상주에게 다시 한 번의 절을 했다. 우리는 아무 말 하지 않았지만 같은 생각을 하고 있었을 것이다. 목 어디쯤 차오르는 뜨거움을 꿀꺽 삼켰다. 나조차도 슬프기만 한데, 가족들은 이런 뜨거움을 몇 번이고 삼켜내야 인정하게 될까 싶었다.

빨간 육개장이 나왔고 여러 밑반찬이 나왔다. 이 음식을 삼키면 체할 것만 같아서, 국물만 몇 번 홀짝이고 그저 가만히 있었다. 그곳은 고요하면서 고요하지 않았다. 떠나버린 사람과 아직 떠나보내지 못하는 사람, 떠나보냄을 준비하는 사람이 한데 뒤섞여 있었다. 죽음은 순식간이었기에, 그곳에 있는 사람들의 눈물은 복합적이었을 것이다. 애도, 슬픔, 미안함, 후회가 섞여 있는 것만 같았다.

나와 남편처럼 조용히 빈소를 방문한 사람도 있었고, 답이 오지 않는 외침을 하는 사람도 있었다. 삶과 죽음은 멀리 떨어져 있는 것으로 생각했었는데, 생사는 나란히 존재하고 있었다. 죽음을 구체적으로 생각해본 적이 없었다. 생의 마무리라고 해야 할 것인지, 생과 사의 교차점이라고 해야 할지, 무어라 정확하게 표현하기 어려웠다. 누군가가 떠나면 남겨진 사람들은 살아간다. 그리고 남겨진 사람이란 표현은 희석되고 다시 일상을 살아가는 게 익숙한 사람이 되어 지낸다. 죽음 또한 삶의 한 과정임을 받아들이는 시간이 필요한 것일지도 모른다. 누군가는 슬퍼하고, 어떤 사람은 종교에 의탁하고, 다른 이는 자기만의 방법으로 애도할 것이다.

나와 남편은 죽음을 구체적으로 생각해본 적이 없었다. 양가 부모님들께서도 건강하시고, 우리도 아직 젊기에, 죽음을 생각하기에는 꽤 거리가 있는 이야기라고 생각했었다. 장례식장에서 돌아오는 길에 많은 이야기를 나눴다. 언젠가 우리에게도 살아온 날보다 살아갈 날이 짧은 나이가 온다면 어떻게 남은 생을 보낼 것인지, 우리의 마지막 날에 복잡한 장례문화를 답습할 것인지, 삶의 마지막에 대해 진지한 이야기를 해보는 것은 처음이었다. 아마 소란스럽지 않고 조용한 둘만의 노년을 보내지 않을까 싶다. 살아감도 시끄러움 투성이인데, 마지막까지 요란을 떨며 가고 싶은 생각은 없다. 슬픔도 간결히, 아쉬움도 짧게, 그래서 살아갈 사람들에게 나의 죽음이 긴 아픔이 되지 않았으면 좋겠다. 자신의 삶을 충실하게 살아가는 것은 어쩌면 나와 내 가족들을 위한 것일지도 모르겠다.

남편과 마찬가지로 나 역시 종교가 없다. 기도가 무엇인지, 사후세계가 무엇인지 모른다. 다만, 현실에서는 죽음이 생의 끝이라는 건 알고 있다. 생의 끝에 섰을 때, 거기에서 뒤돌아봤을 때, 아쉬움으로 의연한 마무리를 못 하고 싶지는 않다. 언제나 끝은 슬픈 법이다. 그러나 슬프지만 아름다운 마무리는 존재하는 법이다. 최선을 다해, 끝까지 잘 걸어왔다고 표현할 수 있는 그런 마무리가. 그런 끝이.

Rest In Peace.

삶의 이정표

♡

  주변에 변덕이 심한 친구가 있다. 연애하기 시작하면 친구는 다 필요 없고 애인과의 안정성이 최고라고 자부하고 다니다가, 그러다 헤어지면 자기가 틀렸다며 역시 친구가 최고라며 호들갑을 떨기도 한다. 좋아하는 연예인이 바뀌는 건 다반사고, 그것만 먹을 거라며 자신이 가장 좋아한다고 소개하는 메뉴도 쉴 새 없이 바뀐다. 그런 그녀가 밉지 않다. 보고 있으면 귀엽고, 듣고 있으면 재밌다. 가벼운 대부분의 것들에 대해서는 금세 변하는 그녀지만, 자기 목표에 대한 집념이나 노력에 대해서는 한결같은 사람이기 때문이다.

우리는 어떻게 보면 사소한 것에 대해서는 그다지 커다란 자기 생각을 투영하면서까지 살지는 않는다. 가벼운 것은 가볍게 넘기고, 상황에 맞춰 바꿔가면서 산다. 일상적인 취향이라는 게 그렇게 막중한 존재가 아님을 모두 알기 때문이다. 취향은 스쳐 지나가는 것이 대부분이다. 어차피 나이에 따라, 자기의 환경에 따라 달라지는 건 당연하다. 어제 좋았던 게 오늘 싫어질 수도 있고, 지금 좋아하는 걸 먼 훗날에는 싫어할 수도 있다.

내가 가진 것 중에서 가벼운 것과 무거운 것을 나누어 본다. 물에 담그면 금세 떠올라 흘러가 버릴 것들과 깊숙이 가라앉아 있을 것을 나누는 것이다. 막상 해보면 허무하리만큼 내 안에 깊게 가라앉아 있는 것은 몇 없다는 걸 알게 된다. 깃털 같은 가벼운 인간관계처럼, 달라져도 괜찮을 오늘의 취향과 감정들은 금세 지나가 버리곤 한다. 그러다가도 마음 깊숙이에 단단하게 자리 잡은 게 있다는 걸 발견하게 된다. 살아감에 대한 목적과 본인만의 이상 같은 것들이 꽤 묵직한 무게를 건넨다.

변하지 않을 몇 가지의 자기만의 생각과 목표는 삶의 이정표가 되어준다. 휘둘리기 쉬운 말에도 나를 잃지 않도록 잡아줄 테고, 중요한 순간마다 내가 나답게 살아갈 수 있는 기반이 되어준다. 자기만의 방식으로, 나답게 살아간다는 것은 머리 스타일이나, 옷을 입는 스타일 같은 게 아니다. 삶의 축을 관장하고 있는 근본적인 부분이 남의 시선에 휘둘리지 않고 단단하게 살아간다는 뜻이다.

소음도 많고, 간섭도 많은 곳에서 길을 잃을 위기는 종종 찾아온다. 다수가 가려고 하는 걸 따라가야 하는지, 남들이 좋다고 하는 걸 믿어야 하는지, 흔들리는 순간이 있을 수 있다. 너무 많은 선택지 앞에서 암담해지는 것은 누구에게나 있을 수 있는 일이다. 그럴 때 진짜 내가 원하는 게 무엇인지 알 수 있는 것은 나 자신밖에 없다. 혼탁한 소음을 거둬내고 마음의 소리에 집중하다 보면 알 수 있다. 깊은 곳에 보관하고 있던 진짜 내가 원하던 목표에 대한 방향을 보여줄 것이다.

삶의 모든 것에는 경중이 있다. 가벼운 것에 연연하지

않고, 무거운 것에 집중해도 괜찮다. 삶의 축이 되어주기도 할 것이고, 단단한 벽이 되어주기도 할 것이다. 과거의 내가 바라왔고, 지금의 내가 지켜가는 살아감의 이유이자 목표가 나를 나답게 멋진 모습으로 살아가도록 만들어 줄 거라 믿는다. 언제까지나 당당하고 현명한 모습으로 살 수 있도록.

"삶의 모든 것에는 경중이 있더라."

"때로는 가벼운 것에는 연연하지 않고,
무거운 것에만 집중해도 괜찮더라."

조금 힘들고
많이 행복하기

♥

 행복을 미래로 미루는 일에 익숙했었다. 학생 때는 대학교만 입학하면, 대학생 때는 취업만 하면, 직장인일 때는 돈을 어느 정도 모으면, 그때 되면 알아서 행복해 질 거라 생각했다. 대학을 가도, 취업을 해도, 돈을 조금 모아도 행복이 알아서 나에게 생기지는 않았다. 그것만 하면 내 삶이 극적으로 달라질 거라는 생각은 환상이 만들어낸 허구였다. 모든 것들은 어차피 계속해서 살아가는 삶에서 거쳐 가는 정류장 같은 존재들이었다. 그것들이 낙원 같은 대단한 안식처가 되어주는 것은 아니었다.

그때는 기쁨이었던 것들도 시간이 지나고 나면 시시해지는 게 대부분이었다. 시간적 경제적 여유가 생겨서 학생 시절에 행복이었던 것을 실컷 하려고 해도, 이제는 체력도 부족하고 그다지 큰 흥미도 없이 심드렁한 기분을 느끼곤 했다. 허무했다. 그때의 사고 싶었던 책 한 권이, 보고 싶었던 영화 한 편이, 먹고 싶었던 맛있는 케이크 한 조각이 지금의 나에게는 그때만큼의 행복함을 주는 존재들이 아니었다. 좋아하는 것은 변하고, 기쁨을 느끼는 역치도 달라지기 마련이었다.

지금 이 순간 삶에 집중하고, 최선을 다해 행복하려 노력한다. 오늘의 내가 좋아하는 게 있다면 그걸 먼 훗날로 넘기지 않는다. 지금 내가 가질 수 있는 소소한 행복을 미루게 되면, 결국 증발되어 사라져버릴 뿐이다. 다음으로, 또다시 다음으로 내팽개치면 행복해질 순간은 언제가 될지 아무도 모른다.

어느 시기만 되면 행복해질 거라, 나아질 거라 믿는 것은 지금의 나를 더 힘들게 만드는 일이 되는 경우가 많다.

미래의 언젠가, 목표로 두었던 그때가 되었다고 해도 온전히 평온할 수만은 없다는 걸 알아야 한다. 언제든 그때마다 넘어가야 할 일들은 생기는 법이다. 버티는 것에 집중한다는 이유로 지금의 자신에게 작은 웃음을 선물할 일에 인색할 필요는 없다. 작은 웃음들이 모여 살아가는 이 순간의 내가 행복해지는 일을 만들어내는 것이다.

행복은 먼 훗날, 꽤 대단한 걸 이뤄내야만 포상처럼 주어지는 건 아니다. 잠깐씩 느끼고 지나가는 감정의 일부분처럼 수시로 느낄 수 있는 감정이다. 자주 행복하면 된다. 지금 행복하고, 조금 이따가 또 행복한 게 가장 중요하다. 지금 힘들고, 무조건 참기만 하고, 버틴다고 해서 행복이 미래에서 기다리고 있지는 않을 것이다.

행복이 거창하고 커다란 무언가라고 생각하지 않았으면 좋겠다. 모처럼 나와서 산책한 공원의 풍경이 너무 예쁠 때, 지하철을 타러 내려갔을 때 내가 도착한 시간과 딱 맞춰 오는 지하철을 만났을 때, 우연히 들른 새로 생긴 카페의 커피가 좋아하는 맛일 때 행복은 몽글몽글 솟아난다.

우연한 행복도 놓치지 말고, 지금 내가 찾아서 가질 수 있는 행복도 미루지 말고, 빼곡하게 행복해지면 좋겠다.

  당신은 행복해야 마땅한 사람이니까.

"행복이 거창하고 커다란 무언가라고 생각하지 않았으면 좋겠어."

"지금의 삶에 집중하고, 최선을 다해 행복하려 노력해보자."

"우리 조금 힘들고, 꼭 자주 행복하자."

내일을 더 잘 살아내고 싶다는 마음으로

♡

 바삐 살다 보면 시간의 흐름을 잊고 지낸다. 하루가 지나갔다는 것만 알지, 얼만큼의 시간이 흘렀는지 느끼지 못할 때가 많다. 어쩌다 짬을 내어 만나게 된 친구와의 이야기에서 문득 우리가 나이를 먹었구나 하며 새삼 느끼게 된다. 힘든 시대에 살고 있다. 저마다 청춘을 보낸 시대가 가장 힘든 시기라고 느끼겠지만, 그래도 우리는 참 힘들다. 가능할까 라는 생각하는 것 자체가 우스워질 정도로 높아진 서울 집값과 너무 어려워져버린 취업, 저축으로는 내 집 마련을 꿈꾸지 못할 만큼 쉽게 오르지 않은 연봉. 일일이 나열하기 버거울 정도로 너무 순식간에 세상은 바뀌어버렸다.

연봉이 높기로 유명한 회사에 다니는 친구가 서울에 내 집 마련하는 것은 꿈같은 이야기라고 푸념하고, 공무원이 된 친구는 경매 공부를 하고 있다고 말했다. 어느새 30대가 된 우리는 부동산이나 재테크 같은 돈에 관한 이야기를 떠들고 있었다. 그저 그런 30대가 돼 버린 것 같다며, 희망으로 가득했던 학생 때를 회상하다가도 결국은 재테크 이야기로 돌아간다. 우리는 교복을 입은 내내 목표가 인서울 대학가기였다. 나처럼 재수하기도 하고, 한 번에 가기도 하며, 그 목표에 성공했다. 각자 꽤 번듯한 직장으로 취업까지 했는데, 결국은 다시 인서울 아파트가 삶의 목표인 것처럼 이야기하는 게 씁쓸했다.

패기 넘치는 꿈을 논하기에는 세상의 맛을 봐버렸고, 가능성에 도전하고 싶다며 시간을 투자하기에는 애매하게 이뤄놓은 것들을 포기할 수 없는 나이이다. 친구들과 이야기를 하다 보면 우리가 시시한 어른이 된 것 같은 기분이 드는 것은 어쩔 수가 없다. 살아감에서 당연히 '돈'은 뗄 수 없는 존재이지만, 이게 이토록 커다란 존재가 될 줄은 몰랐었다. 계속 이렇게 살다가는 내가 가장 싫어했었던 물

질만능주의가 맞았다고 생각하는 사람이 될까 봐 경제력에 대한 생각을 자주 수정했다. 많으면 좋고 안정적이면 편하겠지만, 내 노력과 내 몫의 행운이 가질 수 있는 이상의 것을 쓸데없이 욕심부리지 않는다. 그리고 어느 정도 마음을 비우고 산다. 돈이 가는 길을 따라가면, 결국 사람이 각자 가지고 있는 정체성을 잃게 된다는 걸 알기 때문이다. 글은 더군다나 생각이 고스란히 묻어나는 일이라, 마음이 경제적인 부분에 휘둘리지 않게 늘 주의하며 살아간다.

친구들을 볼 때면 마음이 아릿할 때가 많다. 인턴에서 회사로 걸어가는 길을 걸어갈 때, 나는 반대쪽의 방향을 선택한 사람이었다. 불안정성과 미처 예상하지 못한 일에 대한 위기를 어느 정도 감안한 선택이었기에, 언제나 내 힘듦에 대해서는 그러려니 하려고 한다. 그런데 친구들은 달랐다. 대부분이 그 길로 가라고 그랬고, 그곳이 편안하고 좋은 길이라고들 말했다. 이왕이면 다수의 말이 맞지 않겠냐며, 본인이 그토록 목표했던 회사의 방향을 선택했고 걸어갔었다. 그런데 막상 도착한 그곳이 자신이 생각했던 곳이 아니었다며 힘들어하는 경우가 있었다. 그래도 포기하지 않고 모두 각자의 길목에서 열심히 달리는 중이다. 물론 그 이유 중의 하나가 '돈'이라는 것을 부정하지는 않는다. 학자금 대출, 전세 대출, 카드 할부 값 등등 갚아나가야 할 것들을 무시할 수는 없기 때문이다. 그래도 그것이 전부는 아니다. 저마다 품고 있는 10년 후의 목표가 존재하기 때문이다.

우리는 이제 하고 싶은 일을 하려면, 하기 싫은 일도 꼭 해야만 한다는 걸 아는 어른이다. 만화영화를 보려면 먼저 숙제를 해야 했던 어린 시절처럼, 내 삶을 책임지는 것에 최선을 다해야 하고 싶은 일에 가까이 다가갈 수 있음을 안다. 꽤 커다란 책임을 지고 많은 것들을 견디며 걸어가고 있다. 당연히 발걸음은 무겁고, 지치는 날은 더 많아도 어른이기에 그 정도의 무게는 덤덤하게 받아들인다.

지금으로부터 다시 10년 후의 모습이 어떻게 되어있을지는 쉽게 상상되지 않는다. 집값과 재테크를 이야기하면서도 어린 시절에 꿨던 꿈을 말하는 우리는 또 어떤 아줌마가 되어있을지 모르겠다. 나는 재밌고 착한 아줌마이자 즐거운 글을 쓰는 작가가 되어있고 싶다. 경매를 공부한다는 친구가 정말로 부동산계의 큰손이 되어있으면 더 친하게 지내볼까 하는 웃긴 상상도 해본다. 어른인데도 아직 어른의 삶이 익숙하지 않아서 의아스럽다가도, 잘 버티며 살아가는 것만으로도 기특할 뿐이다.

힘든 시대에 살고 있지만, 분명 나아질 거라는 믿음을 품고 지낸다. 희망이 없으면 버틸 수 없다기보다는, 희망이 있는 덕분에 내일을 더 잘 살아내고 싶다는 마음으로.

전성기

(형세나 세력 따위가 한창 왕성한 시기)

♡

성공이라는 단어를 붙이고 싶은 나이가 20대나 30대라고 바랐던 적이 있었다. 누구든지 한 번쯤 꿈꿔본 나의 전성기가 젊음이 채 가시기 전에 올 것이라고 막연히 꿈꿨던 것 같다. 미디어 매체가 심어준 환상일 수도 있고, 좋은 대학만 가면 혹은 좋은 회사만 가면 성공한 인생이라고 세뇌하듯이 말하던 학교와 학원 선생님들 때문일 수도 있다. 성공은 그렇게 단출한 무언가가 아니었고, 또 어떤 한 가지만 해냈다고 해서 쉽게 품에 안기는 존재도 아니었다.

살아냄에 대해서 구체적인 것을 아무것도 모르던 시절

에는 내 전성기가 20대의 어느 날, 혹은 30대의 어떤 좋은 날에 올 것이라고 믿었다. 과거의 내가 전성기일 것이라고 생각했던 나이에 있는 나는 평범하고 소담한 삶을 꾸려나가고 있다. 그렇다고 해서 나의 전성기가 오지 않았냐고 물으면, 나는 나의 전성기에 살고 있다고 답할 것이다. 화려하고 반짝이는 그런 일은 없었다. 그러나 하고 싶은 일을 하고 있고, 좋아하는 일로 돈을 벌고 있다. 그것이면 나에게는 충분히 전성기라 표현할 수 있다.

아마 20대의 계속되는 실패가 없었더라면, 나는 거창한 전성기만 바라고 살았을지 모른다. 대체 내 전성기는 언제 오는 것이냐며 지금의 나를 아껴주지 못했을 것이다. 뜻대로 되지 않았던 시기였어도, 지나 보면 그때의 나는 참 대단했고 기특했었다. 오뚝이처럼 잘 일어나던 그 시절도 어떻게 보면, 포기하지 않는 면에서는 전성기였을 것이다. 정작 나만 모르고 지나버린 시간들이었다. 더 나를 예뻐해 줬어도 되고, 아껴줬어도 됐을 텐데 다그치기에 바빴다.

큰 성취를 해야만 한다는 생각은 조금 위험한 것 같다. 매 순간이 한 번 뿐이고, 그 시간을 헛되이 보내지 않으려 노력하는 것은 굉장한 일이다. 몇 년 전의 내 사진을 보면 참 어렸고 귀엽게 느껴지듯이, 오늘의 나 또한 마찬가지일 것이다. 지금의 전성기를 충분히 즐기면서 살았으면 좋겠다. 오늘은 오늘대로, 또 내일은 내일대로 더 나아지고 성장할 당신이다. 엄청난 전성기가 온다면 그것대로 좋은 일이지만, 지금 소소한 전성기도 무시하지 않고 다 인정해줬으면 싶다. 날마다, 달마다 나아지고 있으니까.

"우리 오늘은 오늘대로, 또 내일은 내일대로 더 나아지자."

"소소하든, 그러지 못했든, 아니면 엄청나든."

가볍지 않은 하루

♡

 가볍지 않은 하루가 지나갈 때면 잠들기가 어렵다. 가볍지 않은 문제들도 이왕이면 가볍게 생각하고 넘어가려고 노력해도, 도저히 소화되지 않는 무거움이 있는 날이면 유난히 그날 밤은 길게만 느껴진다. 모든 날들이 전부 고요하지만은 않다. 모두가 그렇듯 어느 정도의 소음을 부둥켜안고 살고, 한숨 한 번에 넘기기 어려운 고민을 소화해내지 못하고 애써 덤덤하게 살아간다. 내색하는 것조차 사치스런 행동일지 몰라서, 괜찮은 척하는 일에만 능숙해진다.

 내가 모두를 납득시킬 수 없듯, 나 또한 납득하지 못하는 것들이 존재함을 인정한다. 내 뜻대로 되지 않는 게 인생임을 받아들이면 한결 괜찮아진다. 너그러운 사람이라서가 아니라, 너그러워져야 괜찮을 수 있는 일들이 있다. 사소한 것까지 전부 분노하고, 고치려 하고, 내가 원하는 방식으로 만들려 하면 되려 나만 피곤해지는 일이 될 뿐이다.

오늘의 당신은 껄끄럽지 않은 하루였기를 바란다. 가볍게 지나갈 하루여서, 잔잔한 웃음을 짓고 잠드는 밤이었으면 좋겠다. 내일도 큰 이유 없이 기분 좋은 날이 함께하기를 소망한다. 괜찮은 척이 아니라 진짜 괜찮은 날들을 날마다 마주할 거라 바라본다.

"나는 나아지고 있어."

♡

 나는 그대가 별일 없이 조금은 지루한 날들을 보냈으면 한다. 그다지 큰 파도에 휘말리지 않으며 잔잔하게 살아가도 좋겠다. 잘 하고 있는 것인지 자신을 의심하지 않았으면 좋겠고, 걱정하지 않아도 될 일을 걱정하느라 몸을 상하게 하지 않았으면 좋겠다. 바람이 불어온다면 버틸 수 있을 만큼의 바람만 불어오고, 비가 내린다면 우산 없이도 괜찮을 만큼의 이슬비만 내리고, 구름이 낀다면 금세 해가 뜰 잠깐의 어둠이길 바란다.

 또, 그대가 잊지 않았으면 좋겠다. 그동안 참 많은 것을 해내 왔다는걸. 되돌아보면 꼬불거리고 험난했던 길을 용감히 걸어냈다는걸. 하고자 했던 걸 이뤄내기 위해서 모든 힘을 다했다는 걸. 빠짐없이 전부 기억하며 살아갔으면 좋겠다.

그리고, 그대가 답해주면 좋겠다. 지금의 당신은 더 나아지고 있느냐는 질문에 주저하지 않는 대답을 바란다.
"나는 나아지고 있어."

지금의 당신은 더 나아지고 있는 중이다.

이 책의 끝에 도착했습니다.

지금을 살아가는 나의 이야기이고,
지금을 살아가는 당신의 이야기이고,
지금을 살아가는 우리들의 이야기였습니다.

우리는 언제든 예상하지 못한 비를 맞게 될 수도 있습니다. 언제 어디서 내릴지 모르기 때문에, 모든 비를 다 피할 수는 없습니다. 분명, 머리칼이 젖을 테고, 옷도 젖을 겁니다. 하지만, 젖은 것은 말리면 되는 간단한 일이듯. 다 엉망이 됐다고 생각했던 일도 막상 보면 의외로 쉽게 해결되는 경우도 많습니다.

어느 날 갑자기, 지금 내가 잘하고 있는 것인지,
계속해도 괜찮은 것인지 두려워진다면
계속 가도 괜찮다고 괜찮은 거라고 이야기하고 싶습니다.

저 역시도 아직 이 길의 끝을 보지는 못했지만,
때때로 힘들고 무서워도 중간중간 보여주는
작은 결실들을 보며 다시 나아가고 있습니다.
지금 상황이 어떠하다고 하더라도,
분명한 건 우리는 지금보다 더 성장할 수 있는 사람입니다.

기쁜 날도, 속상한 날도, 슬픈 날도 잘 버텨낸
기특하고 자랑스러운 당신을 발견했으면 좋겠습니다.

어떤 상황에서도 성장하고 있는 당신이라는 걸.
더 나아지고 있는 당신이라는 걸.

『지금의 나는 더 나아지고 있는 걸까』
끝.

지금의 나는 더 나아지고 있는 걸까

초판 1쇄 발행 2021년 12월 31일

지은이 | 김유은 (@oeouoo)

펴낸이 | 박우성
펴낸곳 | 좋은북스
인쇄 | 책과6펜스
출판등록 | 2019년 01월 03일 제2019-000003호
주소 | 경기도 파주시 미래로 562, 701호
전자우편 | goodbooks_@naver.com
팩스 | 050-4327-0136
전화 | 031-939-2384

ISBN 979-11-90764-26-1   03810

· 이 책의 판권은 지은이와 좋은북스에 있습니다.
· 책 내용의 전부 또는 일부를 이용하려면 반드시 좋은북스의 동의를 받아야 합니다.